JÁ OUVIU FALAR?

Da árvore na Índia onde
nasceu o budismo?

❃ ❃ ❃

Da planície na Islândia que foi o alicerce do
mais antigo Parlamento do mundo?

❃ ❃ ❃

Do monte em Jerusalém
que é sagrado para três religiões?

❃ ❃ ❃

Da hospedaria medieval belga
que originou a primeira Bolsa de Valores?

❃ ❃ ❃

Da rua em Berlim, dividida pelo muro,
que abrigava o bunker de Hitler?

❃ ❃ ❃

Do lago na Austrália onde foram encontradas
ossadas humanas de mais de 40 mil anos?

❃ ❃ ❃

Do cosmódromo no Cazaquistão de onde
partiu Yuri Gagarin rumo ao espaço?

Uma breve HISTÓRIA do MUNDO em 50 LUGARES

Uma breve HISTÓRIA do MUNDO em 50 LUGARES

Dr. Jacob F. Field

TRADUÇÃO
Jaime Biaggio

valentina

RIO DE JANEIRO, 2025
1ª edição

TÍTULO ORIGINAL
A Short History of the World in 50 Places

CAPA
Sérgio Campante

ILUSTRAÇÕES
Aubrey Smith

MAPAS
David Woodroffe

DIAGRAMAÇÃO
Fátima Affonso/FQuatro Diagramação

Impresso no Brasil
Printed in Brazil
2025

CIP-BRASIL. CATALOGAÇÃO NA PUBLICAÇÃO
SINDICATO NACIONAL DOS EDITORES DE LIVROS, RJ
CARLA ROSA MARTINS GONÇALVES - BIBLIOTECÁRIA - CRB-7/4782

F477b

Field, Jacob F.

Uma breve história do mundo em 50 lugares / Jacob F. Field; tradução Jaime Biaggio. – 1. ed. – Rio de Janeiro: Valentina, 2025.
224p.; 23 cm.

Tradução: A short history of the world in 50 places
ISBN 978-85-5889-120-2

1. História universal. I. Biaggio, Jaime. II. Título.

CDD: 909
25-99498.0 CDU: 94(100)

Todos os livros da Editora Valentina estão em conformidade com
o novo Acordo Ortográfico da Língua Portuguesa.

EDITORA VALENTINA
Rua Santa Clara 50/1107 – Copacabana
Rio de Janeiro – 22041-012
Tel/Fax: (21) 3208-8777
www.editoravalentina.com.br

Este livro é dedicado à vovó Billie e à Nana,
e à memória de Al e do vovô australiano.

Sumário

Introdução

Ao longo da História da humanidade, certos lugares foram palco de acontecimentos que marcaram época, foco constante de incidentes ou monumentos à tragédia. Outros talvez sejam menos conhecidos à primeira vista, contudo, representam o microcosmo de narrativas mais amplas associadas a tendências ou temas históricos recorrentes. Isso compreende mudanças e transformações na ciência, na economia, na religião, na arte e na sociedade. *Uma breve história do mundo em 50 lugares* contém exemplos de todos esses tipos e de muitos outros, e oferece uma nova perspectiva da humanidade, de sua fase primitiva ao século XXI.

Este livro, organizado em ordem cronológica, detalha o impacto, o legado e o papel de cinquenta lugares determinantes para a nossa História. Tem início na África, com o surgimento dos primeiros seres humanos, e na Garganta de Olduvai, na Tanzânia, onde alguns de nossos ancestrais mais longínquos começaram a dominar o manejo de ferramentas simples, cujo uso possibilitou que se espalhassem pelo mundo inteiro e deixassem sua marca em cada continente deste nosso planeta, da Australásia às Américas. Dali segue para o início da Antiguidade e o surgimento das primeiras civilizações, como as que se desenvolveram no Crescente Fértil, no Vale do Nilo e na Bacia do Huang He (Rio Amarelo). O capítulo 3 se volta para a Antiguidade Tardia e para lugares como o Monte do Templo, em Jerusalém, que se tornou sagrado para três religiões, e a Acrópole de Atenas, que se mantém como um monumento às glórias da Era de Ouro da Grécia. Os capítulos 4 e 5 dão sequência à jornada, detalhando a Era Medieval, da Universidade de Timbuktu, um dos maiores centros de aprendizado do mundo islâmico, a Samarcanda, localizada no atual Uzbequistão, uma parada fundamental na Rota da Seda; e de Tenochtitlán, no México, a capital do Império Asteca, aos Estreitos turcos, um dos cursos d'água de maior relevância estratégica. No capítulo 6 chegamos ao começo da Era Moderna, com lugares como a Freguesia de Belém, contando a história de como Portugal e certas nações europeias começaram o processo multissecular de construção dos seus impérios, e o Castelo da Costa do Cabo, em Gana, estratégico entreposto do comércio de escravizados no Atlântico. A série de acontecimentos revolucionários que estabeleceu as bases do mundo moderno é detalhada no capítulo 7, incluindo New Lanark, o vilarejo escocês que sinalizou o início da indústria mecanizada estabelecida em fábricas, e a casa na Venezuela onde Simón Bolívar e seus confederados forjaram o futuro de uma América Latina independente. Por fim, o capítulo 8 compreende o mundo contemporâneo, de Hollywood, que definiu grande parte da paisagem midiática atual, à Zona Desmilitarizada da Coreia, talvez um dos últimos símbolos ainda existentes das tensões da Guerra Fria que um dia pareceu levar o mundo à beira da aniquilação nuclear.

Onde quer que seus interesses residam, seja qual for o lugar ou a época, *Uma breve história do mundo em 50 lugares* lhe trará novos olhares e perspectivas sobre o passado.

1

A Pré-História

A Garganta de Olduvai

Cerca de dois milhões de anos atrás, na África Subsaariana, surgiram os primeiros seres humanos. Foram classificados como *Homo habilis* ("homem habilidoso"). Ao longo de milênios, a evolução os transformou nos humanos modernos, da espécie *Homo sapiens* ("homem sábio"), que se estabeleceram mundo afora. O conhecimento sobre os nossos ancestrais distantes foi possível devido a uma série de descobertas na Garganta de Olduvai, na Tanzânia.

Localizada no extremo leste da Planície do Serengeti, a Garganta de Olduvai é uma ravina íngreme de cerca de 48 km de extensão. O nome vem de *Oldupai*, que na língua do povo local, os massai, significa "lugar do sisal selvagem" (uma planta de folhas pontiagudas comum por lá). Em tempos pré-históricos, havia um lago nas proximidades, o que a tornava um ponto importante de aglomeração de animais e humanos primitivos. Seus restos foram bem preservados graças às cinzas procedentes de vulcões próximos. Em 1911, o cientista Wilhelm Kattwinkel (1866-1935) descobriu depósitos de fósseis na ravina (entre os quais os dentes de um *Hipparion*, uma espécie ancestral de cavalo hoje extinta), que na época integrava a África Oriental alemã. Logo após apresentar as suas descobertas em Berlim, uma

O Vale da Grande Fenda

O Rifte Africano Oriental, que se estende por cerca de 6.400 km, vai da extremidade sul da Turquia à Foz do Zambeze, em Moçambique. Começou a ser formado 30 milhões de anos atrás, quando a crosta terrestre se rompeu, criando vales de até 80 km de extensão e 309 metros de profundidade, bem como várias cadeias de montanhas e lagos. Foi nesse meio ambiente diverso que os primatas se transformaram nos seres humanos modernos, tornando o vale um dos lugares mais ricos em fósseis do mundo.

expedição formal de pesquisa foi enviada, sob o comando do geólogo e paleontólogo Hans Reck (1886-1937). Àquela altura, a Teoria da Evolução já estava bem estabelecida, e era amplamente aceito que os humanos se desenvolveram a partir dos primatas. A trilha de fósseis para provar tal evolução estava incompleta, e ainda havia enormes lacunas na compreensão de como e onde o processo ocorrera. Na época, os mais antigos fósseis de hominídeos conhecidos eram espécimes do *Homo erectus* ("homem ereto") encontrados na Ásia. Sua capacidade de andar de pé liberava as mãos para fazer ferramentas e manipular o meio ambiente. Tratava-se provavelmente de uma evolução do Australopiteco, um grupo de espécies primatas. A expedição de Reck achou centenas de fósseis de animais, assim como um esqueleto completo de *Homo sapiens*, que, segundo ele, poderia ter mais de 500 mil anos de idade. Houve sérias dúvidas quanto a essa data, mas a descoberta gerou interesse na Garganta, e outras expedições ao local foram planejadas (o ceticismo se provaria bem fundamentado – a datação por carbono revelou que o esqueleto tinha *apenas* 17 mil anos de idade). A I Guerra Mundial adiou novas escavações em Olduvai, que só seriam retomadas em 1931, quando a área já se encontrava sob o controle do Império Britânico.

A expedição britânica foi liderada pelo paleoantropólogo Louis Leakey (1903-72), nascido no Quênia, que, ao visitar Reck na Alemanha, viu os fósseis olduvaienses. Ele e sua família passariam décadas em escavações na Garganta, fazendo uma série de descobertas que revolucionariam a compreensão dos primeiros humanos. Embora Leakey e sua equipe, que incluía sua esposa, Mary Douglas (1913-96), ela própria paleoantropóloga, tenham encontrado machadinhas bem-acabadas em Olduvai, de cerca de um milhão de anos de idade, a princípio não acharam

Os Neandertais

Há cerca de 400 mil anos, desenvolveu-se uma espécie de hominídeo distinta do *Homo sapiens*: o *Homo neanderthalensis*. O nome é derivado do Vale de Neander (Neandertal, em alemão), na Alemanha, onde foi encontrado o primeiro espécime em 1856. Da Europa, eles se espalharam para o norte da África e partes da Ásia. Seus membros mais curtos, o nariz maior e o corpo mais atarracado lhes permitiam suportar o clima geralmente mais frio da região. Longe de terem sido homens das cavernas ignorantes, provavelmente eram dotados de uma linguagem vocal, dominavam o fogo e fabricavam ferramentas a partir de pedras lascadas.

quaisquer restos de hominídeos que precedessem o *Homo erectus*. Foi na sétima expedição dos Leakey a Olduvai, em 17 de julho de 1959, que ocorreu um grande avanço. Ao passear com seus seis dálmatas, Mary achou um fragmento de osso, que se provaria parte de um crânio praticamente completo de 1,75 milhão de anos de idade; foi apelidado de "Homem Quebra-Nozes" por causa dos molares grandes. Os Leakey determinaram que ele pertencia a uma espécie de australopitecíneo, provando que a espécie humana havia surgido na África. No ano seguinte, Jonathan (1940-2021), filho de Mary e Louis, achou a mandíbula inferior e outros restos de um ser humano primitivo em Olduvai. Após longos estudos e descobertas posteriores de restos mortais semelhantes, este foi identificado como um integrante da espécie que preenchia a lacuna evolutiva entre os australopitecíneos e o *Homo erectus*. Em 1964, anunciou-se que a nova espécie seria classificada como *Homo habilis*. Descobriu-se que teria evoluído entre 2,4 e 1,5 milhão de anos, e o nome se deveu ao cérebro maior, que lhe dava a capacidade de produzir ferramentas mais sofisticadas.

A Garganta de Olduvai também continha várias ferramentas de pedra feitas por humanos primitivos. Os *Homo habilis* provavelmente eram caçadores e necrófagos e as fabricavam utilizando uma técnica conhecida como "talha lítica" – dar forma a rochas batendo-as repetidas vezes contra outras superfícies, criando assim o gume afiado. As ferramentas olduvaienses eram usadas em especial para abater animais e quebrar-lhes os ossos, permitindo o acesso ao nutritivo tutano. Algumas das que foram desenvolvidas também podiam ser usadas na construção de abrigos, com uso de galhos, sem falar em armas e armadilhas feitas de madeira. O uso de ferramentas de pedra foi vital para o avanço dos hominídeos, pois lhes permitia adaptarem-se a uma ampla gama de regiões. Cerca de 1,9 milhão de anos atrás, o *Homo habilis* evoluiu, tornando-se *Homo erectus* e passando a utilizar ferramentas de pedra ainda mais sofisticadas e a controlar o fogo. E então, cerca de 200 mil anos atrás, humanos anatomicamente modernos, da espécie *Homo sapiens*, apareceram na África Oriental. Fósseis tanto do *Homo erectus* como do *Homo sapiens* também foram encontrados na Garganta de Olduvai. Ou seja, o lugar conta uma história de mais de dois milhões de anos de como a nossa espécie evoluiu a partir dos primatas.

Jebel Irhoud

Em 1961, foram iniciadas escavações numa caverna em Jebel Irhoud, oeste do Marrocos, depois que um mineiro encontrou um crânio fossilizado de *Homo sapiens*. Escavações subsequentes tiveram início em 2004 e descobriram mais restos de hominídeos, ossos de animais, evidências de fogo e ferramentas queimadas de pedra com cerca de 315 mil anos, o que torna os fósseis de Jebel Irhoud os mais antigos exemplares de seres humanos anatomicamente modernos.

Os *Homo sapiens* não permaneceram na África. Seu cérebro maior e inteligência superior lhes proporcionaram condições de vida em uma ampla gama de ambientes, e a espécie se espalhou para o Oriente Próximo entre 130 mil e 100 mil anos atrás. Há cerca de 50 mil anos, eles se expandiram para a Europa e a Ásia. Depois que o *Homo sapiens* chegou a esses lugares, provavelmente houve miscigenação com os neandertais. Testes genéticos mostram que humanos dessas regiões ainda hoje carregam DNA neandertal. Contudo, o *Homo neanderthalensis* enquanto espécie distinta foi extinto há cerca de 40 mil anos; as razões para isso ainda são debatidas, embora possíveis causas incluam mudanças climáticas ou terem sido suplantados pelo *Homo sapiens*.

Há 15 mil anos, *Homo sapiens* já viviam em quase todos os cantos habitáveis do planeta, incluindo a Austrália e as Américas. A princípio, eram caçadores-coletores (assim como o *Homo erectus*) e viviam em pequenos grupos nômades compostos de trinta a cinquenta indivíduos. Dependiam da caça e da coleta da carniça de animais selvagens, bem como da colheita de plantas nativas. Homens e mulheres viviam em relativa igualdade e, como tais comunidades estavam sempre em movimento, não havia grandes oportunidades para acúmulo de propriedades privadas. Ou seja, a sociedade paleolítica era francamente igualitária. Com o passar do tempo, o *Homo sapiens* começou a adotar comportamentos ritualísticos. Os primeiros sepultamentos ocorreram há cerca de 100 mil anos e o primeiro exemplo representativo de arte visual foi feito há cerca de 50 mil anos. Ferramentas mais avançadas foram criadas, incluindo o simples arco e flecha, 14 mil anos atrás – de certa forma, foi a primeira máquina, pois era composto de partes móveis e transformava energia muscular em energia mecânica. Junto com outras inovações, tais como redes, propulsores de lança e boleadeiras, permitiam aos seres humanos caçarem animais de grande porte. Essa "Idade da Pedra Lascada" começou a terminar por volta do ano 10000, à medida que os humanos, inicialmente no Oriente Médio, começaram a fazer a transição para uma vida em sociedades agrícolas permanentes.

O Lago Mungo

Os aborígines australianos são a civilização mais antiga do mundo. Têm cultura contínua datada de milênios. Chegaram à Austrália mais de 50 mil anos atrás, estabelecendo-se pelo continente. Sua mais antiga trilha fóssil foi encontrada no Lago Mungo, um lago seco no sudoeste de New South Wales.

Em 1968, Jim Bowler, geólogo australiano estudioso de dunas ancestrais, estava no Lago Mungo e avistou o que lhe pareceu serem ossos humanos queimados, expostos à vista pela erosão. Retornou no ano seguinte com arqueólogos, que os escavaram e levaram numa mala para submetê-los a mais estudos na Universidade Nacional da Austrália, em Camberra. Descobriram que os ossos fossilizados eram restos de uma jovem, de 1,47 m de altura, que teria sido cremada e em cuja ossada fora espalhado ocre vermelho, sugerindo a existência de um comportamento ritual em sua cultura e talvez até mesmo alguma noção de vida após a morte. Em 1974, Bowler, investigando o Lago Mungo e arredores, pilotando sua moto, avistou um punhado de restos humanos projetando-se para fora de um bloco de pedra; ele foi escavado, levado para Camberra, e descobriu-se que tais restos haviam pertencido a um homem adulto de 1,70 m, com cerca de 50 anos de idade e artrose no cotovelo direito (provavelmente em função de atirar lanças). Ele havia perdido dois caninos ao mesmo tempo quando jovem, possivelmente em algum tipo de cerimônia ritualística. Tanto a "Senhora Mungo" quanto o "Homem Mungo" haviam morrido em torno de 42 mil anos antes, época em que a Austrália já tinha uma grande população aborígine.

Estudos contemporâneos de DNA indicam que os aborígines australianos são descendentes de um grupo de *Homo sapiens* que deixou a África cerca de 72 mil anos atrás, migrou para o Sudeste Asiático e depois fez a travessia até a Austrália. Algumas das evidências mais antigas de assentamentos humanos foram descobertas na Terra de Arnhem, no norte do país, onde dois abrigos rochosos continham ferramentas de pedra datadas entre 53 mil e 61 mil anos atrás. A partir desses primeiros assentamentos, os aborígines migraram para todas as partes do continente por volta de 35 mil anos atrás. De maneira geral, mantiveram o estilo de vida de caçadores-coletores que caracterizava as primeiras sociedades (embora alguns grupos praticassem uma forma de agricultura, havendo evidências de colheitas e armazenagem de plantas, bem como de elaboradas armadilhas para a captura de enguias e peixes). Eram hábeis no rastreio e na tocaia, e excelentes no manejo de lanças. O fogo era vital para sua existência, usado para cozinhar e espantar animais de suas tocas; as cinzas resultantes tinham o papel de fertilizante.

Muitos aspectos da paisagem australiana da época do primeiro assentamento humano no continente eram diferentes dos atuais. Quando os aborígines chegaram ao Lago Mungo, entre 50 mil e 45 mil anos, aquela era uma região do interior onde havia treze grandes lagos de água doce. Haviam se formado gradualmente à medida que o clima esfriava, fazendo com que a evaporação diminuísse. Além de lagos, também havia pastagens e matas fervilhantes de vida selvagem. Há cerca

A Megafauna Australiana

O isolamento geográfico da Austrália levou os aborígines a se depararem com animais desconhecidos noutras partes da Terra. Muitas espécies que ali viviam não tinham predadores naturais antes da chegada dos humanos, o que fez delas fonte de alimento garantida para os aborígines. Espécies que podem ter sido caçadas até se extinguirem incluem o diprotodonte, marsupial do tamanho de um hipopótamo, e o *genyornis newtoni*, ave não alada de mais de 1,80 m de altura.

de 40 mil anos, todo o cenário foi transformado por tempestades de areia, que arrastaram para lá a superfície das dunas que se formavam contra o vento, e pelo aumento da temperatura, que baixou o nível das águas. O Lago Mungo secou 19 mil anos atrás, e as pessoas se mudaram para outras áreas nos arredores onde houvesse fontes de água mais garantidas.

Os aborígines australianos se dividiam em mais de 500 tribos, cada uma ligada a uma área ancestral específica. Embora não tivessem um sistema de escrita, tinham um complexo sistema mitológico passado de geração para geração pela tradição oral. Também não havia muita hierarquia social (ainda que os idosos tivessem mais status devido a seu conhecimento da narrativa tribal – levava-se, em média, de trinta a quarenta anos para se aprender todo o ciclo de mitos, incluindo as canções, danças e lugares sagrados). Apesar de existirem mais de 300 línguas aborígines e de surtos de violência ocorrerem esporadicamente entre grupos distintos, o intercâmbio cultural era generalizado. Tribos vizinhas se juntavam com frequência para eventos cerimoniais, e redes comerciais se estendiam da costa para o interior por mais de 1.600 km. Como eram, em larga medida, nômades, pouco produziam em termos de habitações permanentes. Uma exceção se dava no sudoeste de Victoria, onde 600 anos atrás foram construídas cabanas capazes de abrigar famílias de quatro a sete pessoas, habitadas durante uma parte do ano. Por estarem quase que constantemente em movimento, a densidade populacional era baixa; ao fim do século XVIII, apenas 300 mil aborígines viviam na Austrália. Isso significa que a densidade populacional era de apenas uma pessoa para cada 26 km^2.

Em 1786, o governo da Grã-Bretanha decidiu povoar a Austrália com presidiários, e a Primeira Frota chegou dois anos depois. Ao final do século XVIII, mais de 5 mil colonos já habitavam o país. Ao longo dos séculos XIX e XX, novos milhões de migrantes chegaram. A Grã-Bretanha assumira o controle meramente por proclamar sua soberania sobre o território, sem fazer qualquer tipo de tratado com a população indígena. Isso foi possível por obra e graça de uma teoria legal segundo a qual estariam pleiteando *terra nullius* – ou seja, terra desocupada, não pertencente a ninguém. Os direitos dos aborígines foram totalmente ignorados

Botany Bay

Em 29 de abril de 1770, o HMS *Endeavour*, capitaneado por James Cook, atracou no leste da Austrália, tendo mapeado ilhas no Pacífico Sul e navegado ao longo da costa da Nova Zelândia. Os britânicos batizaram o lugar de Botany Bay e mapearam 8.000 km da costa australiana antes de voltarem para casa. Em 1788, uma frota britânica que levava 1.030 pessoas (incluindo 736 presidiários) aportou em Botany Bay. Considerando o local pouco adequado para uma colônia penal, subiram mais 8 km e fundaram Port Jackson, que ao crescer se tornou Sydney.

– somente em 1992 uma corte australiana reconheceu que o território ancestral tomado e controlado era deles. O processo de colonização foi desastroso e traumático para a sociedade aborígine – além da perda de suas terras, sofreram com as doenças vindas do Ocidente e a violência dos colonos.

Os ossos da Senhora Mungo e do Homem Mungo ficaram décadas em Camberra, para onde haviam sido levados sem a autorização das três tribos, os paakantyi, os muthi muthi e os ngiyampaa, reconhecidos como os proprietários tradicionais da terra. Após negociações com as tribos, os ossos da Senhora Mungo foram devolvidos em 1992. São mantidos em segurança num cofre no centro de exposições do Parque Nacional Mungo, que só abre com duas chaves: uma fica com arqueólogos, a outra com os venerandos da tribo. O Homem Mungo, no entanto, só viria a ser repatriado em 2017 – foi reenterrado numa margem do Lago Mungo. Seus ossos agora permanecerão na terra onde antes haviam passado séculos sem serem perturbados.

2

O Início da Antiguidade

O Crescente Fértil

Cerca de 12 mil anos atrás, algumas culturas humanas começaram a se transformar; de sociedades caçadoras-coletoras nômades, passaram a instituir assentamentos agrícolas permanentes. Essa "Revolução do Neolítico" mudou o mundo, permitindo o crescimento da população, uma maior especialização e o surgimento dos primeiros povoados e cidades.

O Crescente Fértil é uma região no Oriente Médio definida e irrigada por dois grandes rios, o Tigre e o Eufrates, originários das montanhas da Turquia e do Irã e que correm até o Golfo Pérsico, representando uma fonte conjunta crucial de água potável. As melhores terras cultiváveis ficavam na área conhecida como Mesopotâmia ("terra entre rios"), onde o cultivo já era praticado desde o ano 9000. No Crescente Fértil, brotavam cereais selvagens passíveis de serem domesticados e cultivados de forma controlada, como farro, cevada, milheto e linho, além de legumes, como ervilha-de-pombo e lentilhas. Vacas, cabras, porcos e carneiros foram criados na região a partir da reprodução seletiva de animais selvagens (cavalos, domesticados inicialmente na Rússia e na Ásia Central, só chegariam depois do ano 4000). Por volta de 7000, havia grandes vilarejos agrícolas no entorno do Crescente Fértil, ainda que basicamente confinados a áreas próximas aos rios ou que recebessem chuvas em nível suficiente. Em torno do ano 6000, começou a irrigação em pequena escala a partir dessas águas, e, em 5000, já se construíam canais mais elaborados e bacias de armazenamento, enquanto os pântanos eram dragados para permitir o uso mais intenso e disseminado da terra. Juntamente com invenções como o arado e a grade, isso fez crescer a cadeia de abastecimento alimentar, permitindo que a população aumentasse mais rapidamente.

A região mais ao sul da Mesopotâmia era conhecida como Suméria; ocupada por volta do ano 4500, foi onde se localizaram as primeiras cidades, surgidas durante meados do quarto milênio. Nos séculos seguintes, a urbanização se estendeu pelo restante do Crescente Fértil, alcançando a Pérsia e o Egito. As pessoas podem ter se mudado para as cidades em torno desse período porque o clima se tornava mais seco, dificultando a agricultura de subsistência e encorajando o cultivo mais intensivo,

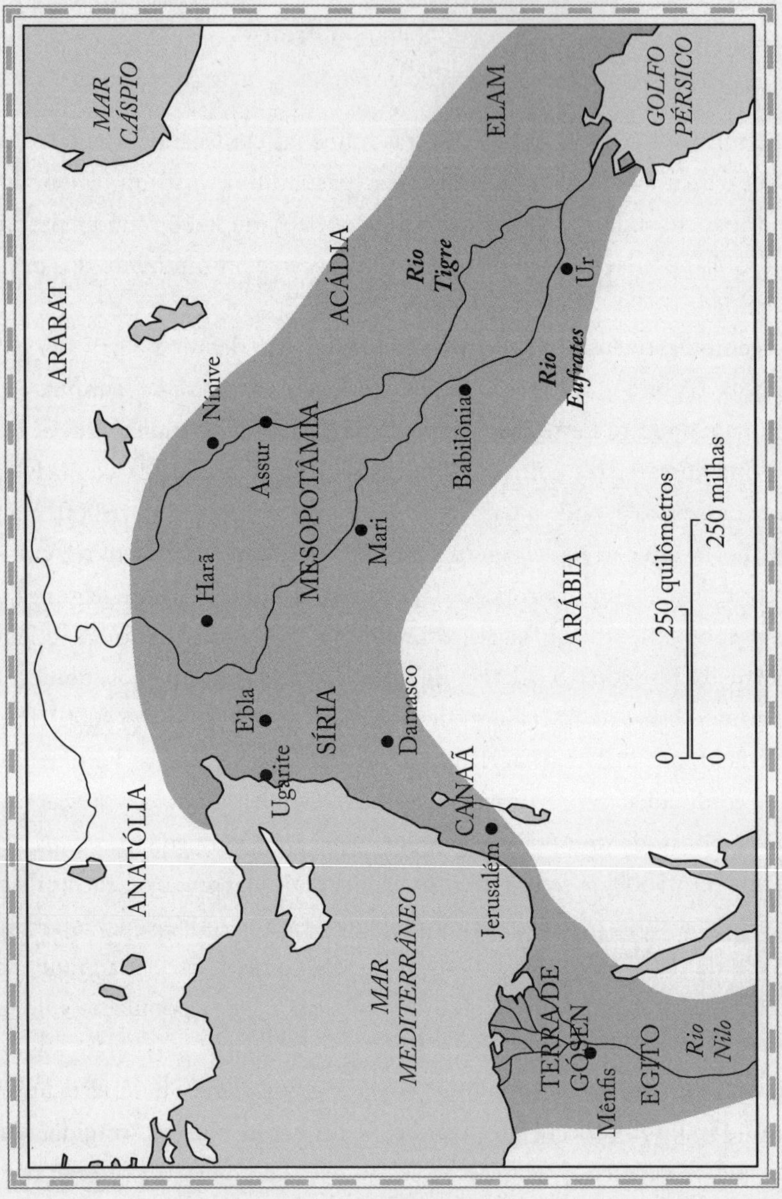

O Crescente Fértil, por volta do sexto milênio.

que exigia uma maior concentração populacional. O crescimento urbano abria espaço para um grau maior de especialização ocupacional; tornavam-se comuns profissões como tecelão e ceramista (as cerâmicas já eram feitas com o auxílio da roda de oleiro, que permitia uma produção mais rápida e modelos mais sofisticados). Desenvolveu-se uma metalurgia mais avançada. Em 3500, produzia-se bronze; em 1000 a.C., ferro. Isto tornava possíveis ferramentas e armas mais robustas e afiadas. Apesar da existência dessas profissões, a maior parte da população ainda trabalhava na agricultura. Saíam de suas casas nas cidades e caminhavam até os campos. O Crescente Fértil estabeleceu o comércio de longa distância; em 3000, já era disseminado o uso de veículos com rodas, viabilizando o transporte de mercadorias pesadas por longas distâncias. Nessa época, as embarcações mesopotâmicas já eram de tamanho suficiente para levar mercadorias. No ano 2300, a rota comercial atingia pontos tão distantes quanto Omã e Índia. Apesar de terem economia sofisticada, as culturas do Crescente Fértil não usavam moedas, geralmente os pagamentos se davam à base de permutas e os salários eram pagos em grãos, medidos com o auxílio de um sistema de pesagem padronizado.

As cidades do Crescente Fértil se tornariam Estados, controlando um entorno de cerca de 16 km, composto de fazendas e povoados. Hierarquias políticas emergiram – a princípio, essas cidades-Estado eram governadas por colegiados de líderes, mas, a partir do ano 3000, estes já haviam sido basicamente suplantados por governantes únicos, que acabariam por estabelecer monarquias hereditárias. O primeiro governante do qual há evidências arqueológicas (seu nome aparece escrito em cacos de um vaso de alabastro) é Enmebaragesi, que governou a cidade-Estado de Kish por volta do ano 2500. O papel primordial desses primeiros reis era de liderança militar; ao crescerem, as cidades-Estado haviam desenvolvido rivalidades e passado a lutar por influência e territórios. A primeira batalha da qual há registros históricos (talhados em um monumento de calcário) ocorreu por volta de 2450, um combate entre as cidades sumérias de Lagash e Uma em nome do controle de uma área de terra irrigada. Lagash saiu vitoriosa; segundo os registros, seu rei, Eanatum, teria liderado seus homens e os levado ao triunfo, apesar de ter sido atingido por uma flecha. Os reis também mantinham a ordem e supervisionavam projetos, como a construção dos muros de cidades, de sistemas de irrigação e de celeiros (alguns tão grandes que, na cidade de Churupaque, o estoque de cevada era suficiente para alimentar sua população de 20 mil pessoas por seis meses). Surgiram as religiões organizadas; geralmente, cada cidade-Estado tinha seus deuses padroeiros e construía complexos de templos em devoção a eles. A partir do ano 2000, o zigurate, uma grande pirâmide escalonada que simbolizava montanhas sagradas, virou um tipo de estrutura comum. Os reis encorajavam vínculos com a religião, alegando que seus reinados se davam por ordenação divina, e incorporavam cerimônias religiosas às funções de Estado.

O Sistema Cuneiforme

Em torno do ano 3300, os sumérios desenvolveram o primeiro sistema de escrita – o cuneiforme. Escrevia-se com um junco de ponta chanfrada (em forma de cunha) em tábuas de argila úmida, depois bem cozidas; a princípio, eram conjuntos limitados de pictogramas usados para contabilizar mercadorias, safras e impostos. Seiscentos anos depois, havia evoluído para um sistema de mil símbolos fonéticos, passíveis de uso para se escreverem obras literárias. O sistema acabaria adotado em todo o Oriente Médio e continuou a ser usado até, pelo menos, o século I d.C.

Foi no Crescente Fértil que o mundo teve seu primeiro imperador – Sargão, que nasceu no século XXIV na cidade suméria de Kish. Filho de um jardineiro, tornou-se copeiro do rei, até derrubá-lo e tomar o poder. Para projetar autoridade, adotou o nome real Sharru-kin, que significa "o legítimo rei". A partir de 2334, iniciou a conquista de toda a Mesopotâmia e fundou uma nova capital imperial, de nome Acádia (a provável localização é onde hoje fica Bagdá). Nas cidades-Estado que Sargão conquistou, ele permitia que os governantes originais continuassem nos cargos, embora passassem a ser governadores de província que seguiam os seus ditames. Seu exército permanente era de mais de 5 mil homens, seu sistema de taxação era centralizado, com o dinheiro sendo enviado para ele, e seus apoiadores ganhavam terras. Os sucessores de Sargão estenderam seus domínios, mas também se depararam com várias rebeliões locais, bem como invasões da Pérsia, da Síria e da

Anatólia. O Império Acadiano caiu em 2154, e a área que compreendia reverteu para o sistema anterior de cidades-Estado independentes.

Após a queda de Acádia, a próxima grande potência a emergir no Crescente Fértil foi a Babilônia, fundada como cidade-Estado às margens do Eufrates em 1894. Sob o reinado de Hamurabi, entre 1792 e 1750, a Babilônia conquistou cidades-Estado ao seu redor, estabelecendo o domínio sobre a maior parte da Mesopotâmia. Hamurabi foi um governante enérgico e ávido por estender sua autoridade. Seu código de leis, promulgado há quase 4.000 anos – em torno do ano 1754 – é o mais antigo documento do tipo que resistiu ao tempo. Foi registrado em uma coluna de pedra (diorito preto) de 2,3 m de altura (está no Museu do Louvre); várias cópias foram feitas e espalhadas pelo Império Babilônico, expostas em praças públicas e templos. O código continha 282 julgamentos sobre diversos temas, entre os quais escravidão, comércio, salários, adultério, casamento e adoção. Seu princípio-guia de "olho por olho, dente por dente" teve grande influência sobre outros códigos legais e religiões – o Velho Testamento, por exemplo. Após a morte de Hamurabi, seu império se desintegrou, ainda que a Babilônia tenha mantido sua posição de grande centro de aprendizado, religião e comércio. Àquela altura, inovações geradas no Crescente Fértil já haviam se espalhado e se estabelecido havia séculos pela Ásia, África e Europa, tornando-o uma das civilizações mais influentes da História da humanidade.

O Rio Nilo

O mais longo rio do mundo (há controvérsias, pois esse posto pode ser do Rio Amazonas), o Nilo flui por mais de 6.400 km através da África, até desaguar no Mediterrâneo. Sem a bênção de suas águas, três milênios de civilização no antigo Egito teriam sido impossíveis. O rio teve um papel central na configuração do passado, do presente e do futuro da região.

No Egito, atua como um oásis que atravessa o Deserto do Saara. Tem duas partes principais: o Vale, com cerca de 13 km de largura, e o Delta, uma série de lagoas e pântanos com 240 km de largura que deságua na costa do Mediterrâneo e cria ligações marítimas de fácil navegação entre o Egito e a Europa. Possui duas nascentes principais (embora suas localizações precisas não tenham sido determinadas de forma definitiva até o fim do século XIX): o Lago Tana, na Etiópia, e o Lago Vitória, na África Oriental, sendo o primeiro a fonte do Nilo Azul (assim chamado pela argila levada por suas águas) e o segundo, do Nilo Branco. Os dois afluentes se encontram no atual Sudão, logo ao norte da capital, Cartum.

Numa região que, de resto, tem muito pouca água, o Nilo era tão vital que os antigos egípcios o chamavam simplesmente de *Itrw*, que significa "o Rio" ("Nilo" vem do nome dado na Grécia Antiga, *Neilos*). Ele possibilitou que surgissem às suas margens (no atual território do Egito) os primeiros povoados agrícolas, depois do ano 5000, e que lá fossem cultivados cevada, trigo, linho, frutas, verduras e legumes, além de criações de animais para o abate. Havia ainda uma espécie de planta aquática chamada *Cyperus papyrus*, que crescia abundantemente ao longo do Nilo. Sua medula era utilizada na fabricação do papiro, material espesso semelhante ao papel, usado como superfície de escrita por egípcios e outros povos da Antiguidade. Um outro fator que tornava o Nilo importante era a garantia de enchentes todo ano. No final do verão, ele transbordava, depositando uma rica camada de lodo, fertilizando o solo e levando embora os sais. À cheia anual os antigos egípcios davam o nome *Akhet*, acreditando ser causada pelas lágrimas da deusa Ísis ao chorar pelo seu falecido marido, Osíris. A verdadeira causa das inundações, contudo, eram as monções, que faziam chover intensamente centenas de quilômetros rio acima, na Etiópia, e aumentavam de tal forma o volume d'água que acabavam por levar o

As Pirâmides

Eram complexos funerários monumentais para os faraós e suas famílias. Têm origem na pirâmide de degraus erguida para Djoser por volta do ano 2650, nas cercanias de Mênfis. O formato evoluiria para as de face lisa; a maior de todas é a de Gizé, para Quéops, faraó que reinou no século XXVI; projeta-se a quase 150 m de altura e cobre uma área de cinco hectares. Sem o Nilo, as pirâmides teriam sido impossíveis; os materiais de construção (e os mantimentos para a força de trabalho) eram transportados até os canteiros de obras por meio de canais abertos a partir do rio.

Nilo a transbordar ao chegar ao Egito. A água das enchentes se acumulava em bacias naturais que formavam um imenso reservatório para uso da agricultura nas seis a oito semanas de duração da cheia. Um complexo sistema de diques e canais de irrigação reforçava as bacias naturais, permitindo o armazenamento e a distribuição mais efetivos da água.

Hoje já não há cheias anuais do Nilo no Egito. Desde meados do século XIX, uma série de projetos cada vez mais ambiciosos interferiu no curso do rio, a começar pela construção de represas e comportas para criar canais de irrigação que permitissem o suprimento de água durante o ano todo. O ponto culminante foi a Represa Alta de Assuã, projeto iniciado por Gamal Abdel Nasser (1918-70), nomeado presidente do Egito em 1956. Sua esperança era de que estimulasse e modernizasse a economia do país. No entanto, quando os governos americano e britânico deixaram de financiar a obra (algo decorrente em parte da política de Nasser de tentar se manter neutro durante a Guerra Fria), ele decidiu ajudar a pagar por ela nacionalizando o Canal de Suez, pertencente a uma corporação então controlada pelos governos francês e britânico. Apesar da crise que se seguiu, Nasser e o Egito mantiveram o controle do canal e usaram um pedágio para construir a represa entre 1960 e 1970. Nasser, que permaneceu por todo esse tempo na Presidência, morreu de ataque cardíaco apenas dois meses após a conclusão da obra. A represa criou o Lago Nasser (que se estende até o Sudão, onde seu nome é Núbia), um reservatório artificial por meio do qual as autoridades egípcias controlam as enchentes do Nilo no intuito de tornar o abastecimento de água para a agricultura mais garantido e gerar eletricidade por meio de energia hidrelétrica.

A última grande função do Nilo na Antiguidade era a de rota de transporte para mercadorias e passageiros. As primeiras embarcações a se aventurarem por suas águas foram pequenas jangadas de junco que serviam de plataforma para pescadores. Com o tempo, surgiram os grandes veleiros e as enormes barcaças com capacidade para levar mercadorias pesadas, como granito e sacas de grãos. De maneira geral, dentro do território do Egito o Nilo era de fácil navegação; a força de suas águas era de um tranquilo nó, subindo para quatro nós durante as cheias. O vento norte, predominante, possibilitava a veleiros singrarem nessa direção; navegar para o sul, contra a corrente, exigia o trabalho braçal de remadores. Fora do Egito, porém, a navegação do Nilo era impedida pelas seis "cataratas", trechos em que pedras e rochedos se projetam para fora d'água, modificam o fluxo e criam corredeiras. Ao norte da Ilha

O Canal de Suez

O Canal de Suez foi aberto em 1869, possibilitando a navegação do Mediterrâneo ao Oceano Índico sem que as embarcações precisassem dar a volta na África, o que o tornou uma das hidrovias mais importantes do mundo. O Reino Unido ocupou-o militarmente em 1882 e criou um protetorado sobre o Egito. Em 1956, Nasser nacionalizou o canal para financiar a construção da Represa Alta de Assuã. Em resposta, forças britânicas, francesas e israelenses invadiram o Egito para reaver o controle. Sob pressão internacional, recuaram, e o governo egípcio recuperou o controle da hidrovia.

de Elefantina, próxima à Primeira Catarata, não há mais obstáculos para navios e embarcações por cerca de 1.200 km, permitindo uma navegação tranquila até o Mediterrâneo.

A visão tradicional é de que o primeiro Estado egípcio teria surgido por volta do ano 3100. As várias cidades-Estado ao longo do Nilo foram unificadas pelo semilendário governante Menés (hoje geralmente identificado como tendo sido um rei local chamado Narmer), fundador da Primeira Dinastia. Ele e seus sucessores tornaram-se conhecidos pelo título "faraó", derivado da palavra egípcia para "grande casa". Os faraós também eram conhecidos como "Senhores das Duas Terras", pois governavam tanto o Baixo Egito (centrado no Delta do Nilo) como o Alto Egito (o Vale do Nilo). Portanto, um símbolo importante de seu poder era a coroa dupla, em que a parte branca representava o Baixo Egito e a vermelha, o Alto. Ao longo dos séculos, os faraós desenvolveram uma estrutura administrativa cada vez mais centralizada em sua capital, Mênfis, que ocupava posição estratégica perto do ápice do Delta do Nilo.

Os faraós consideravam que seu território "natural" se estendia da Ilha de Elefantina ao Delta. Mas havia incursões frequentes ao sul da ilha, na região da Núbia, localizada em sua maior parte onde hoje é o Sudão. Embora a parte núbia do Nilo não fosse tão fértil quanto a egípcia, era economicamente importante como rota das caravanas que transportavam especiarias, marfim, ébano e metais preciosos.

Além disso, era na região que os faraós recrutavam homens para sua polícia e suas Forças Armadas. Em torno de 1500 a.C., os egípcios promoveram uma invasão em grande escala da Núbia e, conquistando-a, incorporaram-na ao seu império. A região permaneceu sob controle do Egito até o século XI a.C., quando se libertou. Ao norte do Nilo, dos séculos XVI ao XI, os egípcios expandiram seu domínio na Península do Sinai e no Oriente Médio, em confronto com o Império Hitita (baseado na Anatólia) pelo controle da Síria e de Canaã.

No século IX a.C., o poder dos faraós egípcios já estava se fragmentando; havia desordem interna, sua influência na Ásia diminuíra e potências estrangeiras faziam incursões em seu território. Tanto o reino de Kush, um Estado poderoso na Núbia, como o Império Neoassírio, originário da Mesopotâmia, conquistaram o Egito no todo ou em parte em diversas ocasiões. A derrota definitiva veio em 525 a.C. pelas mãos do Primeiro Império Persa (Aquemênida), que, após a vitória na Batalha de Pelúsio, na parte oriental do Delta do Nilo, tomou Mênfis. O Egito virou uma província persa, apesar de os aquemênidas terem exercido seu poder por lá à guisa de faraós, adotando tais títulos. A não ser por um período sob controle nativo entre 404 e 343, o poderio persa durou até 332 a.C., quando o Egito foi conquistado por Alexandre, o Grande (356-323). Depois, viria a ser governado por uma sucessão de potências estrangeiras, incluindo os romanos, os bizantinos, os árabes, os otomanos e os britânicos, até se estabelecer como república independente em 1953.

JEBEL SAHABA

A mais antiga evidência de um conflito humano é um velho cemitério em Jebel Sahaba, na margem oriental do Nilo, no norte do Sudão. No sítio, que data de 13 mil anos, foram enterrados 61 caçadores-coletores. Cerca de metade havia morrido de forma violenta; marcas sugeriam que haviam sido atacados com lanças ou flechas. Talvez tenham estado envolvidos em uma pendenga referente ao acesso ao Nilo.

A Bacia do Huang He

Durante a Idade da Pedra, as primeiras civilizações chinesas surgiram ao largo do Vale do Huang He (Rio Amarelo). Essa é a parte do rio que corta a Planície do Norte da China, a terra dos Xia, que se acredita ter sido a primeira das dinastias que controlaram o país.

O Huang He, com 5.464 km de extensão, tem origem nas Montanhas Bayan Har e corre até o Mar de Bohai, no litoral nordeste da China. O nome Rio Amarelo se deve à cor, uma decorrência do volume de sedimentação (o maior entre todos os rios do mundo) que despeja areia e lama em suas águas. Isso cria bancos de areia móveis, que costumam torná-lo difícil de navegar. Além disso, as águas transbordam com frequência (foram 1.500 ocorrências nos últimos 2.500 anos), causando enchentes que valem ao Huang He um outro apelido, "Tristeza da China". E ainda há um outro problema mais sério: o rio é célebre por alterar drasticamente seu curso devido ao lodo que se acumula no leito, o que faz as águas se deslocarem. Tal fato foi catastrófico para os povos chineses ancestrais, causando a destruição de suas casas – além disso, destruiu também os vestígios de muitos sítios arqueológicos da Idade da Pedra e da Idade do Bronze. Contudo, mesmo assim é visto como o berço da civilização chinesa. Isso se deve ao processo de cheia e seca por meio do qual o rio deixa para trás camadas de lodo que enriquecem o solo, criando terras férteis, ideais para a agricultura.

A atividade agrícola na China teve início ao longo do Huang He durante os séculos VII e VI, numa época em que mudanças climáticas tornaram a área quente e úmida, e pequenos povoados surgiram onde eram cultivadas plantações de milheto e arroz. No segundo milênio, a densidade populacional e a urbanização aumentavam cada vez mais na Planície do Norte da China, com o aparecimento de milhares de cidades-Estado muradas na região. Cada uma tinha seu próprio chefe e os conflitos eram frequentes, o que fez algumas passarem a dominar outras. Diante dessa paisagem política, emergiu a primeira dinastia da história tradicional chinesa: os Xia.

A origem da Dinastia Xia, que surgiu há mais de 4.000 anos, em torno de 2100, está intrinsecamente atrelada ao Huang He. O primeiro rei Xia foi Yu, filho de Gun, que por anos havia tentado controlar as águas do rio construindo diques com solo mágico roubado dos deuses. Os diques funcionaram no início, erguendo-se magicamente ao mesmo tempo que a água, até desabarem, causando enchentes catastróficas. Devido ao roubo, os deuses executaram Gun (algumas fontes sugerem que ele teria cometido suicídio). Yu estava determinado a ter êxito onde o pai havia fracassado – ao invés de represar o Huang He (e outras hidrovias da região), passou uma década dragando-o e construindo canais de irrigação, permitindo a drenagem suave das águas. Por esse motivo, Yu foi coroado rei. Estudiosos questionam se ele existiu de fato; não há evidências contemporâneas, pois a escrita ainda não havia se desenvolvido na China no período em que Yu supostamente teria vivido. Contudo, o relato de sua vida pode ter sido baseado em histórias difundidas por via oral sobre como governantes tentaram combater as enchentes cataclísmicas do Huang He, e ele passou a ser considerado o arquétipo de um líder sábio e virtuoso.

Yu era tão amado que o povo permitiu a Qi, seu filho, sucedê-lo, estabelecendo uma tradição de governos hereditários e também a Dinastia Xia, que duraria até o ano 1600 a.C., aproximadamente, quando seu último líder, o tirânico e devasso Jie, foi deposto por Tang, rei local, inaugurando a Dinastia Shang. Tenha a Dinastia Xia existido ou não, certo é que a era Shang, da qual há evidências documentais, representou uma transição para níveis superiores de organização política. A Dinastia Shang expandiu seu poder além do vale do Huang He, cobrindo uma área maior do nordeste da China. Desenvolveu uma administração sofisticada, que editava decretos para os governadores das províncias, e ergueu complexos palacianos elaborados e mausoléus reais. Nesse período, desenvolveu-se a primeira forma chinesa de escrita. Era um sistema com mais de 2 mil pictogramas. Seus vestígios foram identificados no mais das vezes em ossos de animais ou em conchas usadas por oráculos para adivinhar o futuro (talhavam as perguntas e aplicavam calor com uma haste de metal, interpretando as

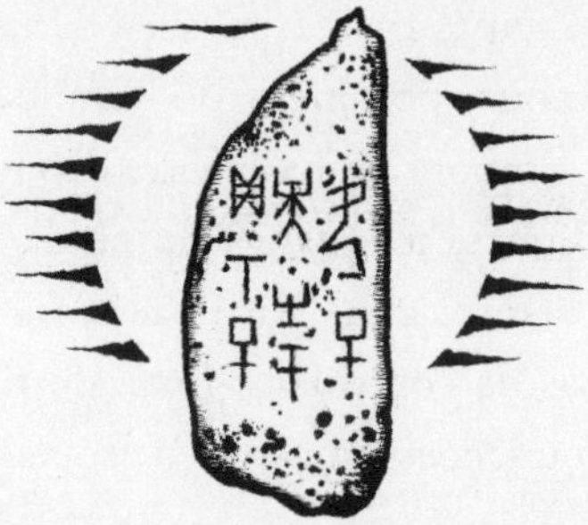

rachaduras que se formavam). Por volta de 1046 a.C., um governante chamado Wu de Zhou depôs Shou, o último rei da Dinastia Shang – ao que consta, um bêbado imoral e sádico. Wu derrotou a armada de Shou e o obrigou a se recolher ao seu palácio na cidade de Yin, onde cometeu suicídio. A nova Dinastia Zhou legitimou a rebelião e a tomada do poder ao afirmar que os Shang haviam perdido o "Encargo Celeste", nome dado aos poderes concedidos pelos deuses aos reis para governarem. Várias fontes ancestrais fazem referência à progressão das dinastias Xia, Shang e Zhou no comando da China, mas, na realidade, pode não ter sido tão simples – é possível que todas tenham existido ao mesmo tempo (junto a vários outros pequenos Estados na Planície do Huang He), mas conquistado territórios umas das outras.

A Civilização do Vale do Indo

A primeira civilização do sul da Ásia surgiu na bacia do Rio Indo, onde hoje estão o nordeste do Afeganistão, o Paquistão e o noroeste da Índia. A agricultura foi estabelecida na região ao fim do quarto milênio, e assentamentos urbanos já existiam em 2500. Esta civilização chegou ao fim por volta do ano 1700 a.C., quando uma combinação de invasões, seca e terremotos levou ao declínio e ao abandono da maioria de suas cidades.

No primeiro milênio a.C., o Estado chinês havia estendido seu domínio para além das regiões centrais ao largo do Huang He. Contudo, o rio continuou a ser uma fonte de água crucial para a atividade agrícola. No início do século VII d.C., ganhou ligação com o Yang-Tsé, principal rio do sul da China (cujas cheias, ao contrário das do Huang He, eram raras), por meio do Grande Canal, integrando o país econômica e politicamente. Embora tenha havido diversas tentativas de controlá-lo com uso de comportas e diques, o Huang He ainda sofre enchentes periódicas, não raro causando milhares de mortes. A partir de meados do século XX, houve uma série de tentativas ambiciosas de controlar a força do rio por meio de hidrelétricas e sistemas de controle de inundações, lançando a esperança de que nunca mais traga tristeza à China.

Nauru

Um dos maiores feitos da História da humanidade foi o povoamento da Oceania por seus povos nativos. A chegada dos europeus nos séculos XVIII e XIX transformou a região; a história da Ilha de Nauru demonstra as consequências por vezes trágicas desse encontro de culturas.

A Oceania é composta por quatro regiões culturais e geográficas: a Australásia, a Melanésia, a Micronésia e a Polinésia. A primeira a ser povoada foi a Melanésia, quando o povo papua migrou da Nova Guiné há mais de 40 mil anos. Foi só por volta do ano 3000 que, juntamente com os austronésios do Sudeste Asiático, eles se aventuraram mais a leste, chegando às menores ilhas da Melanésia. As ilhas na área ao norte, conhecida como Micronésia, foram povoadas até o ano 1000 a.C., e cerca de dois mil anos atrás houve outra onda de migração mais para leste, rumo à Polinésia. Os viajantes cobriam longas distâncias entre as ilhas pela imensidão do Oceano Pacífico, utilizando canoas polinésias, remando por semanas em mar aberto sem o auxílio de instrumentos, como sextantes ou bússolas. A navegação se dava por meio da observação de mudanças e movimentos em corpos celestes, das ondas e até de pássaros.

Nauru é uma ilha de formato oval, com apenas 21 km², cercada por um recife de coral. Fica no sudoeste do Oceano Pacífico, a meros 320 km da ilha mais próxima, razão pela qual virou um refúgio para aves marinhas. Ao longo dos séculos, o acúmulo de seus excrementos impregnou as rochas e formou um rico depósito de fosfato no platô central, que chega a 30 metros acima do nível do mar. Tal substância acabaria por transformar o destino da ilha de uma forma radical. Cerca de dois milênios atrás, Nauru foi povoada, possivelmente por uma mistura de melanésios, micronésios e polinésios. Embora fosse comum a interação entre outras ilhas do Pacífico, o povo de Nauru era relativamente isolado e independente – fortes correntes dificultavam viagens em mar aberto, o que os fazia não se afastarem muito da ilha.

Em 8 de novembro de 1798, o navio baleeiro britânico *Hunter* avistou a ilha, mas nenhum de seus homens desembarcou, embora algumas canoas de Nauru tenham ido ao encontro da embarcação. Apesar da rapidez do contato, o capitão do navio, John Fearn, ficou com uma impressão suficientemente favorável para batizar a ilha de "Pleasant Island" ("Ilha Aprazível"). Nos anos 1830, navios baleeiros usavam

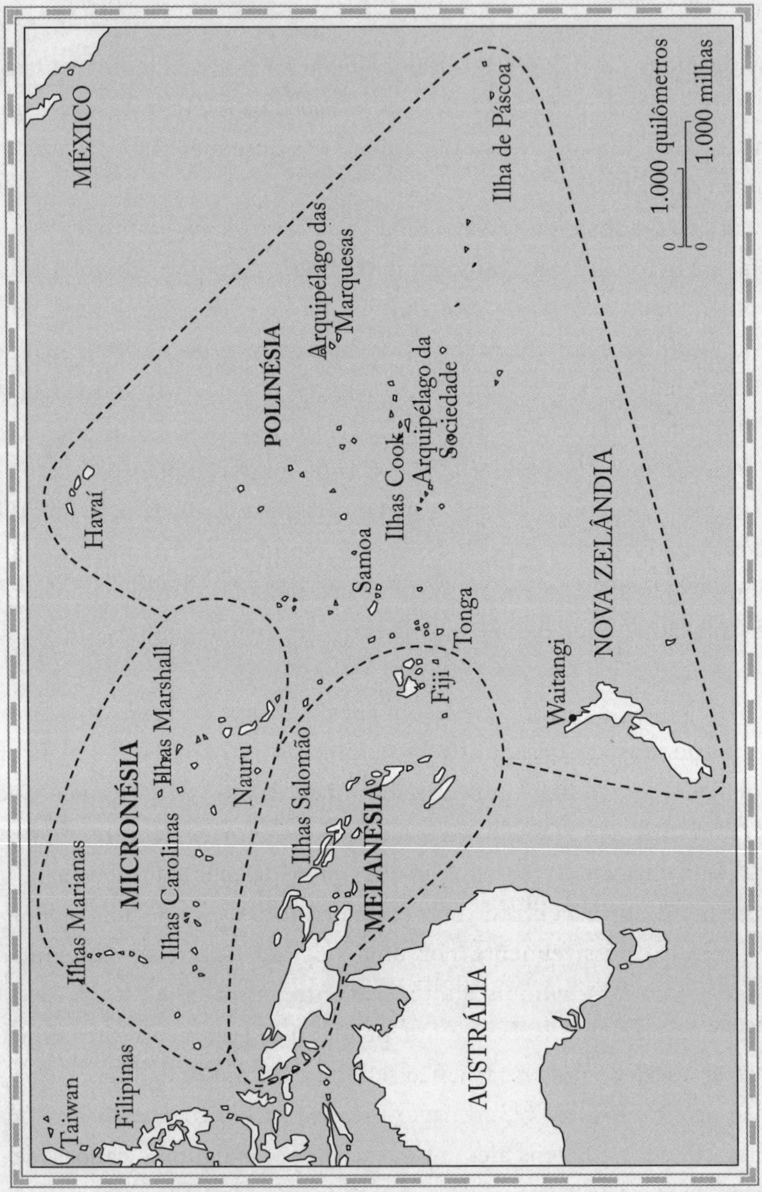

As regiões da Oceania.

Waitangi

A última grande massa de terra a ser povoada por humanos foi a Nova Zelândia, cujo povo nativo, os maori, lá chegou no século XIII. Exploradores holandeses a visitaram em 1642, mas a colonização foi britânica. Em 1838, o governo britânico decidiu anexá-la e abriu negociações com os chefes maori em Waitangi. Um tratado foi assinado em 6 de fevereiro de 1840. Os signatários acatavam a soberania da Rainha Vitória (1819-1901), a quem cabia unicamente o direito de comprar suas terras e que lhes garantia direitos como subordinados do Império Britânico. A implementação do tratado causa polêmica até hoje, pois foi violado repetidas vezes.

Nauru como ponto de reabastecimento. Foi nessa época que chegaram os primeiros residentes europeus – tratava-se de "beachcombers",* isto é, desertores de navios ou fugitivos condenados estabelecidos em ilhas do Pacífico. Trouxeram álcool, armas de fogo e doenças ocidentais; as rápidas mudanças desestabilizaram a sociedade nauruana. Nos anos 1870, durante uma festa de casamento, um jovem chefe ("cacique") acabou acidentalmente baleado. Foi o estopim de mais de uma década de guerra civil entre os doze clãs de Nauru, agora dotados de armas de fogo, que talvez tenham matado um terço da população. Numa tentativa de trazer ordem à ilha (e engordar seu império crescente), a Alemanha declarou-a seu protetorado em 1888. O canhoneiro SMS *Eber* foi enviado à ilha, e 36 soldados desembarcaram. Puseram todos os chefes em prisão domiciliar até que a totalidade das armas e munições tivesse sido confiscada. As autoridades imperiais alemãs proibiram então a importação de álcool e encorajaram a chegada de missionários cristãos.

No final do século XIX, cientistas descobriram que o processamento de rochas fosfáticas gerava um superfertilizante. Ao se darem conta de haver depósitos de fosfato em ilhas no Pacífico, nações ocidentais começaram a extrair as rochas ricas

* Literalmente o termo se refere a pessoas que revolvem a areia da praia em busca de objetos de valor. No contexto náutico, é associado a marinheiros sem disposição para o trabalho, que perambulam pela área dos portos, vivendo de bicos e favores. (N. T.)

em compostos de fósforo e minerá-las. Nauru ficou de fora a princípio, mas não por muito tempo. Em 1899, Albert Ellis, que trabalhava na divisão de fosfatos da Pacific Islands Company, reparou em uma rocha de aparência estranha que um de seus colegas havia trazido de Nauru e usava como aparador de porta em seu escritório em Sydney, acreditando tratar-se de madeira fossilizada. Ellis descobriu que era, na verdade, minério de fosfato; no ano seguinte, sua empresa começou a minerá-lo em Nauru. A produção anual rapidamente alcançou 89 mil toneladas. Logo após o início da I Guerra Mundial, em 1914, as tropas australianas capturaram Nauru. Após o fim do conflito, a ilha ficou sob encargo da Liga das Nações, com Austrália, Nova Zelândia e Reino Unido como responsáveis pela tutela (na prática, a administração ficaria a cargo da Austrália). A mineração de fosfato continuou, sem que os nauruanos recebessem mais do que uma pequena parcela dos lucros.

A II Guerra Mundial submeteu Nauru a depredação ainda maior. Em 1940, a ilha foi bombardeada por cruzadores alemães e, em 1942, tomada pelo Japão. Os japoneses construíram um campo de pouso e de lá transportaram 1.200 pessoas para executarem trabalhos forçados na Lagoa Chuuk, a quase 2.000 km de distância (menos da metade sobreviveu para ser repatriada). Aviões aliados bombardeavam Nauru regularmente, e a ilha só seria retomada dos japoneses em 1945. Depois da guerra, foi transformada em território tutelado pelas Nações Unidas. O modelo administrativo anterior ao conflito foi restabelecido, assim como a mineração de fosfato. Nauru obteve sua independência em 1968, tornando-se uma das menores nações do mundo. A extração de fosfato continuou e, por um breve período, Nauru chegou a ter o maior PIB per capita da Terra. O governo criou um fundo fiduciário para os lucros e passou a investir em propriedades mundo afora. Contudo, à medida que os depósitos de fosfato se esgotaram e o preço global caiu, o desequilíbrio se estendeu à economia nauruana. Para piorar a situação, o tal fundo governamental fez uma série de investimentos desastrosos, incluindo um musical em Londres sobre a vida de Leonardo da Vinci (1452-1519), que foi um fracasso.

No início do século XXI, sem mais fosfato para minerar, Nauru estava em crise. A mineração devastara um terço da ilha; cientistas estimavam que levaria mil anos para se restaurar a biodiversidade. O governo de Nauru se encontrava efetivamente falido; seus ativos haviam sido confiscados, impossibilitando que cumprisse com as suas obrigações financeiras. Em busca de outra forma de receita, Nauru fez um acordo com o governo da Austrália em 2001 para acolher em seu nome pedidos de asilo (geralmente de afegãos e iraquianos). Eles ficaram na ilha até 2008. Quatro anos depois, o governo australiano reabriu seu centro de detenção ultramarino em Nauru, e este se tornou tão central para a economia do país quanto a mineração de fosfato havia sido um dia. No entanto, há uma polêmica internacional quanto ao tratamento recebido pelos refugiados em Nauru, com relatos de condições sub-humanas e abusos. Embora haja planos para mineração em águas profundas ao largo da costa do país, seu futuro de longo prazo permanece incerto.

3

A Antiguidade Tardia

O Monte do Templo

Jerusalém é sagrada para três religiões: o judaísmo, o cristianismo e o islamismo. Talvez o lugar mais sagrado da cidade seja o Monte do Templo, local do Templo de Salomão e da ascensão de Maomé aos Céus.

Poucos lugares foram mais ferrenhamente disputados que Jerusalém, cuja fundação se deu por volta do ano 3000, como um pequeno vilarejo. Localizada na região ancestral de Canaã, que se estendia pela Palestina e pela Síria, foi batizada em referência a Shalim, uma das divindades cananeias. Por volta do ano 1000 a.C., foi conquistada por Davi, que a estabeleceu como a capital de seu Reino de Israel. Os israelitas se originaram na condição de pastores nômades em Canaã, tendo habitado o Egito e a Mesopotâmia antes do retorno à terra natal. Sua religião, o judaísmo, era monoteísta, fundada pelo patriarca Abraão. Antes mesmo da conquista de Jerusalém por Davi, o Monte do Templo já havia tido um papel importante no judaísmo; muitos acreditavam tratar-se do local do "Monte Moriá", onde Deus ordenara a Abraão que provasse sua fé sacrificando seu primogênito, Isaac. Ao constatar que Abraão se mostrava disposto a acatar a ordem, Deus ordenou-lhe que parasse e sacrificasse um carneiro em lugar do menino. Além disso, o Monte do Templo seria o local da "Pedra de Fundação", a partir da qual os judeus acreditavam que o mundo havia sido criado. Salomão, filho e sucessor de Davi, construiu o Primeiro Templo no local. No seu centro, uma pequena câmara, chamada Santo dos Santos, abrigava a Arca da Aliança, o baú recoberto de ouro que continha as tábuas de pedra onde Deus havia talhado os Dez Mandamentos. Antes, ela fora guardada no Tabernáculo, uma tenda multicolorida erguida por Davi. Após a morte de Salomão, por volta do ano 930 a.C., Israel se dividiu. A parte norte, que manteve o nome, foi conquistada pelos assírios cerca de duzentos anos depois em 722. A parte sul, chamada Judá, onde ficava Jerusalém, foi tomada pelos babilônicos em 586 a.C. Eles saquearam a cidade, destruíram o Primeiro Templo e exilaram a maioria da população na Babilônia.

O Primeiro Império Persa (aquemênida) conquistou a Babilônia em 538 a.C. e autorizou os judeus cativos a voltarem para sua terra. Foram liderados por Zorobabel, membro da casa real de Judá, que atuou como governador de Jerusalém em nome dos persas. Foi ele quem supervisionou a construção do Segundo Templo, que ficou pronto em 516 a.C. Os persas mantiveram o controle de Jerusalém até o começo do século IV a.C., quando a cidade se tornou parte do império de Alexandre, o Grande.

Jerusalém continuou sob controle grego até a rebelião dos macabeus, que se opunham à interferência estrangeira e se revoltaram entre os anos 167 e 160. Eles restabeleceram a soberania da Judeia, e Jerusalém tornou-se a capital de um reino independente, sob o comando da dinastia judaica dos asmoneus. Em 63 a.C., o Império Romano invadiu a Judeia. Liderados pelo general e político Pompeu (106-48), os romanos cercaram Jerusalém, centrando o seu ataque no Monte do Templo. Pompeu usou o Shabat para aterrar fossos defensivos e construir rampas para suas armas de cerco, confiante de que a crença religiosa dos habitantes do local os impediria de resistir a ele. Avançou então sobre o Monte do Templo, chegando a

O Templo de Herodes

Herodes I (73-4 a.C.) reconfigurou por completo o Monte do Templo. Começou por aumentar o tamanho do platô no topo, duplicando a área, que passaria a ser de cerca de 15 hectares. Em seguida, remodelou consideravelmente o próprio Templo. Para garantir que cerimônias religiosas não fossem interrompidas, ordenou que as pedras fossem esculpidas longe dali para que pudessem ser depositadas em seus lugares sem muito barulho. Mandou treinar mil sacerdotes para se tornarem pedreiros e carpinteiros para conduzirem os trabalhos nas partes mais sagradas do Templo.

entrar no Santo dos Santos (uma área altamente sagrada – até hoje, muitos judeus não caminham de forma alguma no Monte do Templo por medo de pisarem no local onde ele ficava). Após essa vitória romana, os asmoneus governaram como fantoches até 37 a.C., quando foram depostos por Herodes, o Grande, um administrador judeu e forte aliado de Roma. Naquele ano, as tropas de Herodes, com o reforço de legiões romanas, capturaram Jerusalém. Ele então deu início a um extenso processo de reconstrução e remodelação do Monte do Templo; a empreitada durou 80 anos.

A Judeia e Jerusalém passaram a ser governadas diretamente por Roma em 6 d.C. Por volta do ano 30, um mestre religioso chamado Jesus de Nazaré começou a pregar e a atrair seguidores. Na época, a tensão era grande entre Roma e seus súditos judeus, e Jesus foi enxergado como ameaça em potencial à autoridade do império (no que atos como a expulsão dos vendilhões que se aglomeravam em torno do Segundo Templo não ajudou sua causa). Por tudo isso, Jesus foi crucificado em Jerusalém por volta do ano 33, por ordem do governador romano da província. Isso não impediu seus discípulos de espalharem a mensagem de que se tratava do salvador da humanidade e Filho de Deus. A princípio, a imensa maioria dos cristãos era de judeus habitantes da Judeia, mas, após meados do século I, muita gente de outras comunidades e áreas começou a se converter. O cristianismo acabaria por se tornar o credo mais amplamente seguido no mundo.

Uma rebelião contra o poder de Roma tomou conta da Judeia em 66. Quatro anos depois, tropas romanas entraram em Jerusalém após um cerco e destruíram o Segundo Templo; só restaram os muros de contenção, alicerces, criptas e a base de uma torre. Nunca se construiu um Terceiro Templo, embora, para muitos judeus, este continue a ser um objetivo benquisto e sagrado. Em 130, foi estabelecida no mesmo local de Jerusalém uma colônia romana, a Aelia Capitolina, e um templo foi erguido em homenagem a Júpiter no Monte do Templo. Muitos judeus ficaram enfurecidos, o que levou a mais revoltas. Estas foram sufocadas e a entrada de judeus na cidade, proibida. Tal restrição foi revertida em 363, sob o governo de Juliano (331-363), o último imperador pagão de Roma, que permitiu aos súditos judeus erguerem uma pequena sinagoga no Monte do Templo e depois decidiu erguer um Terceiro Templo como parte de seus planos para encorajar as religiões não cristãs. Um incêndio (e possivelmente a hostilidade cristã) impediu que os planos de Juliano se concretizassem, e ele morreu naquele mesmo ano.

A ligação do Monte do Templo com o islamismo se deu por volta do ano 620, quando consta que o Profeta Maomé (*c.* 570-632) teria feito uma viagem milagrosa montado em uma criatura alada de nome Buraque ("Raio"), indo de Meca a Jerusalém numa única noite. No Monte do Templo, Maomé se encontrou com Abraão, Moisés e Jesus e comandou uma oração antes de ascender aos Céus. Por isso os muçulmanos conhecem o local como Haram al-Sharif ("Nobre Santuário"). Após a morte de Maomé, o Califado Árabe cresceu e tornou-se uma das maiores potências do Oriente Médio. Em 638, o Califa Omar (*c.* 584-644) entrou em Jerusalém, dando fim ao controle que o Império Bizantino mantinha sobre a cidade. Limpou pessoalmente o terreno do Templo, que havia se deteriorado, levando detritos e escombros acumulados para fora dali em seu manto. Omar iniciou a construção do Domo da Rocha, um santuário no centro do Monte do Templo, para demarcar o altar de Abraão e o local onde Maomé havia feito a sua "Jornada Noturna". Ficou pronto em 691, assim como o Domo da Cadeia, uma casa de oração próxima. A maior estrutura muçulmana no Monte do Templo é a Mesquita de al-Aqsa; terminada em 705, foi destruída duas vezes por terremotos, em 746 e em 1033, mas sempre reconstruída.

Em 1095, Bizâncio fez pressão junto ao Papa Urbano II (*c.* 1035-99) para obter ajuda na guerra contra os turcos seljúcidas muçulmanos, que haviam conquistado a Palestina e uma grande parte da Anatólia. O conflito perturbava a rota de peregrinação dos cristãos até a Terra Santa. Urbano incitou os fiéis a combaterem os turcos. Seu apelo foi atendido por muitos, e a Primeira Cruzada partiu em 1096.

A Ordem dos Templários

Para ajudar a defender os Estados cruzados e os peregrinos cristãos, várias ordens militares foram criadas na Terra Santa. A mais poderosa foi a Ordem dos Templários, fundada em Jerusalém em 1119 e que se manteve influente até ser suprimida em 1312. Os Templários usavam a Mesquita de al-Aqsa como sede, e o Domo da Rocha foi convertido em igreja, suas inscrições alcorânicas substituídas por textos em latim e o crescente por uma cruz.

Ao invés de ajudar Bizâncio, os cruzados avançaram pela Palestina e, em 1099, eles tomaram Jerusalém, saqueando a cidade e massacrando milhares. Vitoriosos, fundaram os seus próprios Estados na Terra Santa, dos quais o mais poderoso foi o Reino de Jerusalém. O domínio muçulmano da Palestina foi restabelecido por Saladino (1138-93), soldado curdo que se autodeclarou governante do Egito em 1171, expandiu territórios pela Síria, Arábia e Mesopotâmia, e então voltou sua atenção para os Estados cruzados. Em 1187, tomou Jerusalém e reduziu o território cruzado a uma pequena faixa costeira que viria a ser abandonada ao final do século XIII. Quando Saladino entrou em Jerusalém, derrubou a cruz do topo do Domo da Rocha e, com ajuda de familiares e nobres, lavou o piso com água de rosas. Ainda que Jerusalém tenha voltado a ser governada por cristãos entre os anos 1229 e 1244, a cidade e o restante da Palestina se tornariam parte do Império Otomano em 1517, permanecendo em mãos muçulmanas até o início do século XX.

Os otomanos perderam o controle de Jerusalém durante a I Guerra Mundial. Ao longo do outono e do inverno de 1917, Forças Aliadas avançaram a partir do Egito pela Península do Sinai até a Palestina. Nem os aliados nem os otomanos que recuavam, e nem as forças alemãs queriam ser responsabilizados por eventuais danos a Jerusalém; por isso, ao ficar claro que sua posição não era mais sustentável, as forças de defesa bateram em retirada na noite de 8 de dezembro. Após a I Guerra Mundial, Jerusalém e o restante da Palestina foram governados pelos ingleses por encargo da Liga das Nações. Na época, milhares de judeus já haviam se estabelecido na Palestina, inspirados pelo sionismo. O movimento visava à fundação e estabelecimento de um Estado judeu, em resposta aos séculos quase ininterruptos sendo perseguidos e denominados bodes expiatórios, em alguns casos de forma extremamente violenta. No Império Russo, por exemplo, judeus foram o foco dos pogroms – séries de ataques mortais sancionados pelo Estado. Havia tensões profundas entre comunidades árabes e judias (em especial quanto ao acesso ao Monte do Templo), estopim de motins e combates, bem como escaramuças com as forças britânicas incapazes de impedir a escalada da violência.

Com a expiração do Mandato Britânico em 1947, as Nações Unidas promulgaram um plano de partição para a Palestina com a recomendação de que Jerusalém fosse governada como cidade internacional. Nunca foi posto em prática. Em 1948, foi instituído o Estado de Israel e a guerra eclodiu com seus vizinhos árabes. As hostilidades tiveram fim no ano seguinte, com um armistício que estabeleceu as

O Stadtcasino Basel

O homem que transformou o sionismo numa campanha global foi Theodor Herzl (1860-1904). Nascido em Budapeste, convocou o Primeiro Congresso Sionista, de 29 a 31 de agosto de 1897. Ocorreu na cidade suíça de Basileia, na sala de concertos do cassino local. Na reunião, definiu-se a criação de um manifesto que estabeleceria as metas principais do sionismo. O movimento ganhou força, e o povo judeu começou a se reassentar na Palestina. Apenas meio século após o Primeiro Congresso Sionista, o Estado de Israel foi fundado.

fronteiras de Israel e deu à Jordânia o controle de Jerusalém Oriental, incluindo o Monte do Templo. A situação se manteve até 1967, quando tropas israelenses capturaram Jerusalém durante a Guerra dos Seis Dias, levando a grandes celebrações. Contudo, as estruturas religiosas do Monte do Templo continuaram nas mãos de um "waqf" jordaniano (uma fundação beneficente islâmica), que controla o acesso ao local. Estabeleceu-se que os judeus poderiam visitá-lo, mas não teriam permissão para lá rezar. No entanto, poderiam se reunir e organizar cerimônias religiosas no Muro das Lamentações, que é o trecho remanescente de um grande muro de contenção erguido por Herodes e que cobre um lado do Monte do Templo. Apesar disso, o local ainda é fonte de tensão e um ponto sensível nos entreveros entre palestinos e israelenses.

A Apadana, em Persépolis

No seu auge, a Dinastia Aquemênida, batizada em homenagem a Aquêmenes, seu mítico fundador, governou um vasto império multinacional, o maior visto no mundo até então. Sua capital cerimonial era Parsa, ou, como a chamavam os antigos gregos, Persépolis.

No ano 1000 a.C., tribos indo-europeias haviam se espalhado a partir da Ásia Central rumo ao Oriente Médio (além de se estabelecerem na Europa, na Anatólia e na Índia); entre elas os medos e os persas, grupos aparentados que haviam migrado para a região onde hoje é o Irã. Nessa época, os assírios haviam substituído os babilônicos como a força dominante na região. O Império Assírio caiu em 612 a.C., após uma série de guerras civis e revoltas, sendo suplantado pela ressurgente Babilônia. Por volta do ano 558 a.C., Ciro II (*c.* 600-530) sucedeu seu pai como rei da Pérsia, mas inicialmente teve que reconhecer os medos como seus soberanos. Rebelou-se contra eles e, em 548, havia obtido o controle de todo o Irã para depois realizar uma série de campanhas que abarcaram da Anatólia ao Afeganistão. Venceu os babilônicos em 539 e proclamou-se "rei da Babilônia, rei da Suméria e da Acádia, rei dos quatro cantos do mundo". Ciro, o Grande, morreu em combate em 530, lutando contra invasores nômades em sua fronteira norte. Foi sucedido pelo filho, Cambises II (morto em 522), que conquistou o Egito em 525. Sob o comando do genro de Cambises, Dario I (550-486), que ascendeu ao trono em 521, o império chegou ao seu ápice, estendendo-se por mais de 3.000 km, da costa ocidental do Mar Negro ao Rio Indo. Essa vasta área foi dividida em distritos administrativos, chamados satrapias, governados por uma autoridade chamada sátrapa, que supervisionava a taxação, a ordem pública e questões judiciais. Dario I, cujas façanhas

Termópilas

Em 480 a.C., Xerxes I invadiu a Grécia com algo em torno de 250 mil homens. Os gregos fincaram posição nas Termópilas, uma passagem de montanhas. Os 7 mil gregos no local resistiram por uma semana até serem derrotados. Embora os persas tenham então avançado na direção sul, o sacrifício nas Termópilas deu tempo aos gregos para se reagruparem. Um mês depois, uma frota naval comandada por atenienses dizimou a armada persa na Batalha de Salamina. Xerxes retirou-se para a Ásia com a maior parte de seu exército. No ano seguinte, os gregos venceram as forças persas remanescentes.

também lhe valeram a denominação "o Grande", equilibrava a centralização do império (especialmente por meio do aperfeiçoamento de estradas e da padronização dos sistemas monetário e de medidas) com o respeito aos costumes locais e o estímulo à tolerância religiosa e cultural. As ambições imperialistas de Dario na Anatólia levaram a conflitos com cidades-Estado gregas, que tinham várias colônias na região. Em 492, para impedir qualquer interferência, Dario I invadiu a Grécia, mas foi forçado a se retirar após a derrota na Batalha de Maratona, em 490. A segunda (e bem mais ambiciosa) tentativa persa de subjugar os gregos, dez anos depois, também foi frustrada.

Os governantes aquemênidas tinham várias capitais, incluindo Babilônia, Susa, Pasárgada (que havia sido fundada por Ciro II no ano 545 a.C.) e Ecbátana, sua residência de verão. Parsa era o centro espiritual da dinastia. Localizada no sul do Irã, ficava muito distante das outras capitais, onde a maior parte da administração estava situada. Parsa era um complexo de monumentos e residências reais, e representava a escala e a majestade do Império Aquemênida. O primeiro estágio dos trabalhos em Parsa ocorreu entre cerca de 520 e 480, sob o reinado de Dario I e seu filho e sucessor, Xerxes I (519-465). Após um hiato de cerca de treze anos, Xerxes deu continuidade aos trabalhos, concluídos pelo seu filho e sucessor, Artaxerxes I (morto em 424), em torno do ano 450. Parsa foi erguida na encosta de uma montanha (o Monte Kuh-e Rahmat ou Monte da Misericórdia), num platô rochoso que se erguia até 15 metros acima das planícies ao redor. Chegava-se à plataforma por meio de uma monumental escadaria dupla cujos degraus eram tão extensos e largos que dava para subi-los a cavalo. No alto da escadaria ficava a "Porta de Todas as Nações"; para além das portas de madeira de 12 metros de altura havia várias edificações, todas construídas com blocos de pedra retirados da montanha vizinha, incluindo um salão do trono, uma sala do tesouro, uma sala do conselho, um harém e palácios reais.

O prédio mais grandioso de Parsa era a Apadana, um salão de audiências de 3.660 m^2, cujo teto se apoiava em seis fileiras de seis colunas de 21 metros de altura com o topo adornado por torsos gêmeos de touros, leões e grifos. Nas escadarias que levavam ao salão, havia esculturas em pedra de membros da nobreza, autoridades e guardas reais em marcha, bem como representações de diplomatas de 23 nações súditas distantes do império, algumas tão longínquas quanto a Etiópia e a Índia, retratadas com vestimentas locais e trazendo mercadorias como tributo. No Ano--Novo persa (o equinócio de primavera), ocorriam essas procissões de oferendas, embora não se saiba se os delegados viajavam de fato até Parsa ou se era um evento cerimonial conduzido por soldados daquelas terras que estivessem servindo no exército imperial multinacional. A Apadana abrigava até 10 mil pessoas, embora as fileiras de colunas e a ausência de luz natural tornassem difícil a visualização do rei – é possível que se tratasse de algo deliberado, no intuito de preservar a distância do soberano. De fato, por toda Parsa os reis aquemênidas eram retratados como heróis semidivinos, a personificação do Estado e foco das oferendas e da lealdade de seus súditos.

Em 330 a.C., o Império Aquemênida, cujo poder havia declinado lentamente, caiu afinal perante o exército invasor de Alexandre, o Grande. Naquele ano, tendo capturado Babilônia e Susa, ele marchou sobre Parsa. Embora a cidade tenha se rendido pacificamente, Alexandre autorizou seus homens a saqueá-la. Eles a deixaram levando ouro, prata e outros tesouros no valor de 120 mil talentos de ouro; o butim pesava mais de 1.200 toneladas, e seu transporte exigiu 10 mil mulas e 500 camelos. Alexandre então incendiou Parsa como punição pela destruição promovida pelos aquemênidas 150 anos antes, ao invadirem a Grécia. Ironicamente, a massa de escombros queimados e cinzas ajudou a preservar as ruínas para os arqueólogos (escavações formais tiveram início em 1878), pois desencorajou pessoas de retirarem pedras do local para usar como material de construção noutras paragens. Parsa, de início, manteve algum status como capital de província, mas depois caiu em declínio sob o Império Selêucida (a dinastia fundada por um dos generais de Alexandre, que governou a maior parte dos antigos territórios dos aquemênidas até 63 a.C.), encolhendo até se tornar uma sombra do que um dia fora.

A Acrópole de Atenas

Poucos lugares têm influência histórica de longo prazo na mesma proporção de Atenas, que veio a simbolizar o ápice da cultura da Grécia Antiga. Projetando-se sobre a cidade, da fundação até os dias de hoje, está a Acrópole.

A partir do ano 2200, aproximadamente, povos indo-europeus migraram para a Grécia, estabelecendo monarquias tribais e construindo povoados fortificados, dos quais o mais importante foi Micenas, que daria nome à sua civilização. Entre

1250 e 1100, a Grécia micênica entrou em colapso como resultado de invasões estrangeiras, guerras internas e desastres naturais. Somente a partir do ano 800 a.C. é que a Grécia se estabilizou, quando as cidades-Estado, conhecidas como *poleis* (plural de *polis*), começaram a emergir, das quais a mais famosa era Atenas.

Atenas foi um centro da civilização micênica e, do século XIII a.C. em diante, tornou-se o local de uma acrópole ("a mais alta das cidades", em grego), um complexo palaciano murado erguido em terreno alto, do qual nada sobreviveu, a não ser uma base de coluna e alguns degraus. A Acrópole de Atenas ocupava três hectares no cume de um morro de 70 metros de altura e se tornaria o núcleo da cidade, que cresceu ao seu redor. Durante o século VII a.C., Atenas cresceu em poder e em prosperidade, obtendo o controle da região vizinha, a Ática. Em 594, para evitar que as tensões entre ricos e pobres resultassem numa guerra civil, Atenas adotou uma Constituição democrática, que dava voz a todos os homens livres (ainda que o sistema desse mais poder aos cidadãos mais ricos). À medida que a cidade foi crescendo, construíram-se novos muros nos arredores e a Acrópole deixou de ter uma função defensiva. Tornou-se basicamente um local cerimonial, dedicado a Atena, a padroeira da cidade, e, durante o século VI a.C., um monumental templo foi construído em seu louvor.

A Acrópole tornou-se solo sagrado; nascimentos e mortes não podiam acontecer lá, e pessoas que haviam tido relações sexuais recentes tinham que passar por uma cerimônia de purificação antes de acessar o local. Cães e cabras eram proibidos de se aproximar da área porque poderiam defecar no solo. A Acrópole protegia uma estátua de Atena tão antiga que os atenienses não sabiam sua verdadeira origem; alguns acreditavam que viera dos Céus, outros achavam que era obra de um lendário rei local. Feita de madeira de oliveira, era uma mulher em tamanho natural. A cada quatro anos, era paramentada com um novo manto de lã tingido com açafrão, feito por sacerdotisas virgens. A estátua foi destruída ou se desfez com o tempo no início do século V.

Atenas e outras cidades-Estado gregas eram ativas fora de suas fronteiras, com relações comerciais e estabelecimento de colônias por toda a costa do Mediterrâneo. Na Anatólia, isso as pôs em rota de colisão com o Império Persa, que invadiu a Grécia em 490 a.C. Como resposta, Atenas fez aliança com outras *poleis*, a mais importante das quais era Esparta, o que repeliu os persas. Naquele ano, o antigo templo de Atena na Acrópole foi demolido e iniciou-se a construção de um novo.

Quando a guerra com a Pérsia recomeçou em 480, ainda não estava terminado. Os persas saquearam Atenas, devastando a Acrópole; incendiaram suas edificações, destruíram objetos sagrados e roubaram metais preciosos para derretê-los (a estátua de madeira de Atena já havia sido retirada do local). No ano seguinte, os líderes da cidade fizeram um juramento antes da Batalha de Plateia: a Acrópole só seria reconstruída depois que os persas fossem derrotados. Apesar de a aliança grega ter obtido uma grande vitória na ocasião, forçando os persas a recuarem, os atenienses queriam continuar a guerra para garantir que não voltariam a ser incomodados. Isso os pôs em rota de colisão com aliados, como Esparta, que queriam a paz. Atenas formou uma aliança com *poleis*, cuja posição era similar, a Liga de Delos, e deu sequência aos embates com a Pérsia. Outro conflito começou em 460, quando tensões entre os ex-aliados gregos levaram à guerra entre a Liga de Delos e a Liga do Peloponeso, liderada por Esparta. Após décadas de luta, Atenas e a Pérsia selaram a paz no ano 449; em 445 foi a vez do armistício com a Liga do Peloponeso. Nessa época, o trabalho de reconstrução da Acrópole havia começado pra valer, como parte de um programa que compreendia toda a cidade, supervisionado por Péricles (*c.* 495-429), o estadista que liderava Atenas desde o ano 461. A principal das novas edificações da Acrópole era o Partenon, concluído em 432 e que tinha como característica marcante o peristilo de 46 colunas. Ele substituiu o templo de Atena destruído, além de servir como casa do tesouro para a Liga de Delos e espaço de armazenamento dos objetos rituais mais valiosos de Atenas. Péricles também encomendou o Propileu, portal monumental que controlava o acesso à Acrópole.

A Academia Platônica

Talvez o impacto mais duradouro de Atenas derive de seus filósofos; uma das razões de terem se tornado tão influentes foi a criação de academias. A mais importante foi fundada por Platão (427-347), seguidor de Sócrates (c. 470-399). Em 388, Platão fundou uma escola num bosque sagrado nas imediações de Atenas. Esteve em funcionamento até ser destruída em 86 a.C., quando uma armada romana saqueou a cidade.

A guerra com a Liga do Peloponeso logo reiniciou, em 431. Esparta invadiu a Ática, forçando os atenienses a se abrigarem atrás de seus muros enquanto os campos ao redor eram devastados. Péricles foi criticado por não atacar o inimigo. Morreu vítima da peste que matou cerca de metade da população da cidade. Mesmo assim, os espartanos e seus aliados não conseguiram romper os muros de Atenas. Em meio à peste e à guerra, os trabalhos na Acrópole continuaram. Em 420, ficou pronto o Templo de Atena Nice, um santuário que a homenageava por seu papel de deusa da vitória. O último dos templos da Acrópole foi o Erecteion, dedicado a Atena e a Poseidon e terminado em 406. Atenas foi derrotada dois anos depois, tornando Esparta a força dominante na Grécia.

Atenas nunca recuperou a influência que teve no século V a.C. Em meados do século IV a.C., caiu sob o domínio da Macedônia, que substituiu Esparta como maior força da Grécia. A potência seguinte a dominar Atenas foi Roma, que conquistou a Grécia em 146. A influência romana se fez sentir na Acrópole; por volta do ano 19 a.C., um pequeno santuário circular dedicado a Roma e ao Imperador Augusto (63 a.C.-14 d.C.) foi erguido em frente ao Partenon. Após a conquista da Grécia pelo Império Otomano, em meados do século XV, uma guarnição turca ficou estacionada na Acrópole, enquanto o Partenon, que vinha sendo usado como igreja, foi convertido em mesquita e mais tarde em depósito de pólvora. Isso causaria sérios danos ao local em 1687, quando Atenas era submetida a um cerco por Veneza e uma das balas de canhão dos invasores, ao atingir o prédio, foi o estopim de uma grande explosão.

Após anos de guerra com o Império Otomano, a Grécia teve sua independência formalmente reconhecida em 1832. Atenas tornou-se a capital do país, e a Acrópole foi esvaziada de todos os artefatos turcos. Ao longo das décadas, foi restaurada como símbolo de orgulho nacional pela Era de Ouro da civilização helênica.

A Casa de Confúcio

Entre os séculos VI e V, a China foi assolada por conflitos internos. Governantes de província desafiavam a autoridade real e lutavam pelo poder. Essa conturbada época forçou estudiosos a conjeturarem sobre como estabelecer a ordem; o mais famoso desses homens foi Kongfuzi (551-479), que quer dizer "Mestre Kong". Mais conhecido no Ocidente como Confúcio, viria a se tornar um dos filósofos mais influentes da História.

Confúcio nasceu no Estado de Lu, onde hoje é a região nordeste da China, nas imediações de sua capital, Qufu. Não era de origem particularmente nobre – sua família pertencia à pequena nobreza (denominada *shi*), cujo status social situava-se pouco acima da plebe. Na juventude, Confúcio entrou para o governo do líder local, o Duque de Lu. Começou como burocrata de baixo escalão, até se tornar chefe de polícia. Embora fosse altamente erudito e de moral ilibada, tinha dificuldades para se fazer ouvir pelo duque, que ignorava suas sugestões de reformas. Frustrado, renunciou ao posto por volta dos 55 anos de idade, deixou a família em Qufu e saiu em busca de um governante que ouvisse seus conselhos. Passou doze anos viajando pela China, mas sem achar uma posição adequada à sua idade ou influência. Assim, por volta do ano 484, voltou para casa em Lu, onde alcançaria a fama, não como político, mas como professor e filósofo.

De volta a Qufu, Confúcio, que ganhara vários seguidores em sua peregrinação, criou uma escola em sua casa, onde lecionava para os estudantes, com a ambição de treinar uma nova geração de líderes políticos e cidadãos virtuosos. Mostrava-se disposto a ministrar aulas para qualquer um, independentemente de posição social, e aceitava ricos e pobres como alunos. Ao invés de forçá-los a aprender fatos por decoreba, ele os instruía por meio de discussões e debates, e sua preocupação central

era de que os alunos exibissem comportamento moral irrepreensível e fossem bons e responsáveis em suas práticas de governo. Confúcio instruía seus pupilos a aprenderem a apreciar a poesia e a música, pois o conhecimento de tais artes era a marca de uma pessoa culta. Também enfatizava fortemente o ensino da História para que as pessoas pudessem se mirar nos exemplos de grandes figuras do passado, aplicando sua sabedoria ao presente. Confúcio morreu em 479; àquela altura, tinha centenas de seguidores em toda a China (muitos dos quais fundaram suas próprias escolas). Durante seus últimos dias de vida, repreendeu com delicadeza seus pupilos por servirem a ele como se fosse um grande lorde, lembrando-lhes de que desejava um funeral simples.

Depois da morte de Confúcio, sua modesta casa de três quartos em Qufu virou a base de um extenso complexo de templos, que a UNESCO transformou em Patrimônio da Humanidade em 1994. Ao longo dos séculos, o conjunto cresceu, passando a contar com várias edificações e centenas de aposentos. O local, suntuosamente decorado com gravuras e esculturas, costumava receber a visita de imperadores, que desejavam honrar a memória de Confúcio. No século VII, a casa onde Confúcio vivera foi transferida para um local adjacente. Seus descendentes continuaram a morar na casa, reconfigurada como uma residência de grande vulto, com dezenas de construções (das quais 152 ainda estão de pé). Hoje ela cobre sete hectares e guarda uma grande coleção de artefatos e documentos históricos. O túmulo de Confúcio, adjacente à casa, atualmente faz parte de um cemitério que também guarda as sepulturas de milhares de seus descendentes. Há ainda árvores por todo o cemitério; muitas datam de tempos ancestrais. Após a morte de Confúcio, seus pupilos mantiveram vigília sobre o túmulo e levaram árvores das suas casas para plantarem ali.

Sem a presença física do mentor, alguns ex-alunos de Confúcio reuniram sua sabedoria e seus ditos (juntamente a ensinamentos de seus principais discípulos) em um livro chamado *Lunyu* (*Analectos* ou *Diálogos*), uma das obras mais importantes da filosofia em toda a História. O confucionismo, em última análise, era prático, focado em ordenar os relacionamentos pessoais e a sociedade em geral. Ele acreditava ser possível atingir tal meta por intermédio do governo dos *junzi* ("indivíduos superiores"), que eram educados e ilibados. Também acreditava que as pessoas podiam aprender a agir com benevolência e amabilidade, ter deferência a seus superiores e respeito pelos pais.

O MAUSOLÉU DE QIN SHI HUANG

O homem que unificou os reinos em guerra na China foi Zheng (259-210), príncipe de Qin. Em 221, tendo derrotado os demais seis Estados, declarou-se imperador da China e assumiu o nome real Qin Shi Huang ("Primeiro Imperador de Qin"). Ele estabeleceu um regime burocrático centralizado, padronizando leis, introduzindo uma nova escrita comum e encorajando o uso de moedas. Um de seus grandes legados foi conectar as várias muralhas defensivas que haviam sido construídas para afastar tribos invasoras do norte, criando as bases da Grande Muralha da China. Resta muito pouco da muralha de Qin – a maior parte da fortificação atual data da Dinastia Ming (1368-1644). Qin morreu envenenado por mercúrio, tendo ingerido uma pequena quantidade na esperança de que o ajudasse a viver para sempre. Foi enterrado num enorme túmulo próximo à atual cidade de Xi'an, com milhares de estátuas em terracota, em tamanho natural, de soldados armados, bem como modelos de cavalos, carruagens, burocratas, servos e artistas. Qin não seria perturbado até 1974, quando operários que cavavam um poço acharam fragmentos de terracota, levando a escavações arqueológicas que descobriram o mausoléu.

Isso criaria um exemplo que outros poderiam seguir. Entre os séculos II e I, o confucionismo tornou-se cada vez mais proeminente, pois o governo imperial chinês adotou seus princípios como a filosofia política e social a norteá-lo. Mesmo após a morte de Confúcio, há mais de 2.500 anos, sua filosofia manteve a importância e uma tremenda influência, não apenas na China, mas também na Coreia do Sul, na Coreia do Norte, no Japão e no Vietnã.

A Árvore Bodhi, em Bodh Gaya

Sidarta Gautama inspirou o budismo, que viria a se tornar uma das maiores religiões do mundo. Obteve notoriedade devido à sua pregação no norte da Índia, em algum momento entre os séculos VI e IV, após alcançar a iluminação espiritual enquanto meditava sob uma árvore Bodhi.

Sidarta Gautama nasceu no nordeste do subcontinente indiano, possivelmente em Lumbini, atual Nepal. Originário de uma abastada família hindu principesca, a mãe morreu uma semana depois de ele nascer e o pai tentou protegê-lo da crueldade do mundo exterior. Sidarta passou os primeiros 29 anos da vida atrás dos muros do complexo palaciano e, aos 16, casou-se com uma princesa chamada Yasodhara (algumas fontes sugerem que tiveram um filho, Rahula). Sua vida foi transformada ao passar a se aventurar fora dos limites do palácio. Lá, ele viu um velho, um homem doente e um cadáver, que lhe fizeram compreender que o sofrimento era intrínseco à existência humana. Sidarta também viu um mendicante; inspirado pelo exemplo, renunciou à vida de luxos e se juntou a outros cinco mendicantes. Passaram a vagar pelos campos e viver uma vida de extremo ascetismo, o que fez Sidarta emagrecer bastante.

Seis anos depois, sentou-se sob uma árvore Bodhi (espécie conhecida como *Ficus religiosa*, que se distingue pelas folhas em forma de coração) nas margens do Rio Lilajan (localizado no nordeste da Índia, onde hoje é o Estado de Bihar). Foi quando teve a percepção de que seu estilo de vida não o faria alcançar a realização espiritual. Aceitou uma tigela de arroz com leite de uma menina camponesa local chamada Sujata, o que fez seus compatriotas o abandonarem. Então sozinho, Sidarta se alimentou e decidiu permanecer sob a árvore até alcançar a iluminação. Contudo, um ser malévolo chamado Mara, o deus do desejo, atacou-o e esforçou-se para interromper sua meditação, mas não obteve êxito. Após dias de consideração, Sidarta finalmente vivenciou a iluminação. Veio a entender que os humanos poderiam chegar ao nirvana, que lhes permitiria romper o ciclo cármico de morte e renascimento, e assim tornou-se o Buda ("O Desperto").

O Buda continuou sob a árvore por sete semanas, refletindo sobre as experiências que vivera. Tornou a juntar-se aos cinco mendicantes e proferiu o primeiro sermão para eles em Saranate, próximo à cidade de Varanasi. Tornaram-se seus primeiros cinco discípulos. No âmago dos ensinamentos do Buda estão as Quatro Nobres Verdades; que há sofrimento, que ele tem causa, que pode ser removido e que a forma de fazê-lo é por meio do Nobre Caminho Óctuplo (visão correta, pensamento correto, fala correta, ação correta, meio de vida correto, esforço correto, consciência correta e meditação correta). O Buda então retomou suas viagens, que cobriam principalmente a Planície do Ganges, passando mais de quatro décadas a pregar sua mensagem e arregimentar seguidores. Por conselho do mestre, estes se reuniram em sangas (comunidades de monges), que tiveram um papel vital na propagação da religião naquela fase inicial. Ao contrário do que se verificava em várias outras religiões, as sangas aceitavam mulheres (a quem também era possível alcançar o nirvana). A mensagem de Sidarta não era restrita por barreiras de castas – ele falava para todos. O Buda morreu por volta dos 80 anos, passando para o nirvana.

O maior responsável pela transformação do budismo em uma religião mundial foi o Imperador Ashoka (morto em aproximadamente 232 a.C.), soberano do Império Máuria, cujo território viria a cobrir a maior parte do subcontinente indiano. Ele não era budista de nascença; por sinal, sua juventude se caracterizara pela violência e pelo derramamento de sangue. Ashoka chegou ao trono por volta de 268, após um conflito sucessório de quatro anos, no qual consta que teria matado 99 irmãos seus, poupando a vida de apenas um. Por volta do ano 262, embarcou numa campanha bem-sucedida contra o reino rival de Kalinga, na costa leste da Índia; de tão sangrenta a guerra, Ashoka passou por um despertar espiritual e se converteu ao budismo. A princípio, não seguia tão à risca sua nova religião – muitos de seus "decretos de pedra", uma série de mais de trinta inscrições espalhadas pelo seu império, detalham os esforços pessoais que fez no início para viver de acordo com os ensinamentos do Buda. Ashoka deu total apoio ao budismo, tentando promover a união entre as várias sangas, construindo milhares de monastérios e estupas (estruturas comemorativas onde relíquias eram armazenadas) e financiando missionários que chegavam até mesmo ao Sri Lanka e a Mianmar. Apesar de sua conversão, Ashoka nunca forçou seus súditos a se tornarem budistas – por todo o seu império vigorava a liberdade de crença, e ele só pedia que todos vivessem vidas pautadas pelo pacifismo e pela moral. Depois que ele morreu, o Império Máuria se fragmentou sob ataques estrangeiros e guerra civil, entrando em colapso em 185 a.C.

O local da iluminação do Buda e a própria Árvore Bodhi rapidamente viraram santuário e local de peregrinação. No século III a.C., o Imperador Ashoka ergueu ao seu redor o Templo de Mahabodhi. Próximo à árvore, construiu uma plataforma chamada Vajrasana ("Trono de Diamante"), supostamente no exato ponto onde o Buda meditou. As partes mais antigas do atual complexo de templos, que a UNESCO transformou em Patrimônio da Humanidade em 2002, datam do século V. Desde o século XIV, tornou-se também local de peregrinação para hindus, e há controvérsias entre eles e os budistas no que se refere ao acesso ao local. Ao longo dos séculos, a Árvore Bodhi foi cortada uma série de vezes, mas, em todas as ocasiões, milagrosamente cresceu de novo. Ainda há uma no Templo de Mahabodhi; talvez seja descendente do espécime original sob o qual o Buda meditou. As sementes e os cortes de seus ramos são utilizados para fazer contas de oração, muito valorizadas. Além disso, mudas da árvore foram transportadas e plantadas em outros lugares. Uma delas foi parar no Sri Lanka, como presente da filha de Ashoka ao rei local. Foi plantada em Anuradhapura em 288 a.C. A árvore, conhecida como Jaya Sri Maha Bodhi, seria, segundo a crença generalizada, a mais velha árvore plantada por um ser humano. É uma relíquia sagrada.

O cânone dos ensinamentos do Buda, conhecido como o *Tripitaka*, foi coletado após sua morte e escrito, no mínimo, dois séculos depois. Além disso, foram realizados conselhos para definir seus ensinamentos e responder a perguntas doutrinais. Ao longo de gerações, a religião cresceu e se dividiu várias vezes, com ramos distintos pela Ásia. Foi também uma grande influência em outras fés, como o confucionismo e o xintoísmo.

A Biblioteca de Alexandria

Alexandria foi uma das maiores cidades da Antiguidade e um centro de aprendizado sem paralelo. O âmago de sua vida intelectual foi sua grande Biblioteca, fundada com uma ambição grandiosa de reunir todas as obras escritas do mundo.

Em 336 a.C., Filipe II da Macedônia (382-336), que transformara seu pequeno reino na maior potência da Grécia, foi assassinado. Seu sucessor foi o filho Alexandre (356-323). Depois de solidificar o controle da Grécia, ele voltou a atenção para o Império Persa aquemênida, que controlava a maior parte da Ásia Central, do Oriente Médio e do norte da África. Alexandre comandou seu exército através do Estreito de Dardanelos em 334, conquistando a Anatólia e a Síria. Seu alvo seguinte foi o Egito, onde a população local, infeliz sob o governo aquemênida, recebeu-o de braços abertos como libertador quando ele chegou em 332. O governador local se rendeu pacificamente a Alexandre e ele foi coroado faraó. Passando o inverno no Egito, navegava pelo Delta do Nilo quando se deparou com um local ideal para a construção de uma nova cidade. O povoado foi o primeiro de mais de vinte que ele estabeleceu, e levava o seu nome: Alexandria. Alexandre envolveu-se de perto em sua fundação, definindo onde seriam a ágora, os templos e os muros, com a assistência de seu conselheiro, o arquiteto Dinócrates de Rodes.

Os Rios Hidaspes e Hifasis

Em 326 a.C., Alexandre avançou sobre o Punjab, então governado pelo rei guerreiro Poro. Eles se enfrentaram na Batalha do Rio Hidaspes (hoje o Jelum). Alexandre saiu vencedor; ele queria conquistar o restante do norte da Índia, mas seus veteranos macedônios só alcançaram o Rio Hifasis (hoje o Beás) e então se recusaram a prosseguir em marcha. Embora nunca derrotado no campo de batalha, ele chegara ao limite de suas conquistas.

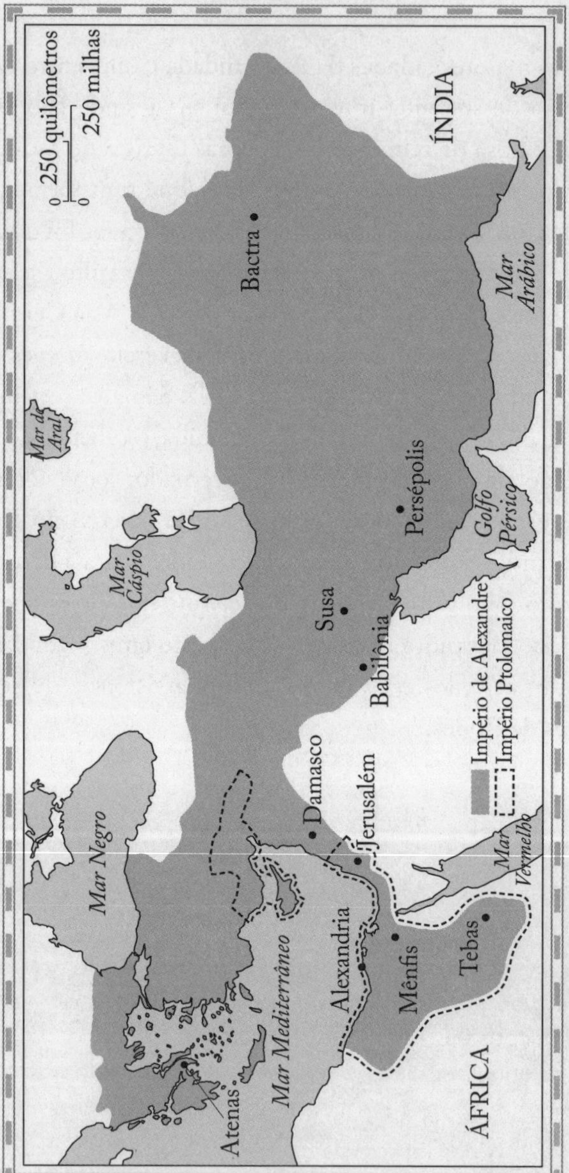

O império de Alexandre, o Grande, 323 a.C.

A localização era perfeita; Alexandria ficava em uma longa baía natural na ramificação ocidental do Delta do Nilo, o que lhe garantia conexões excelentes com o Mediterrâneo e com o restante do Egito. Alexandre não foi a primeira pessoa a valorizar a utilidade do local; ali já havia existido um povoado egípcio chamado Racótis. Em 331, Alexandre deixou o Egito. Invadiu a Mesopotâmia e, ao longo dos quatro anos seguintes, infligiu uma série de derrotas aos aquemênidas, cujo império acabaria por desmoronar e cair em suas mãos. Ele deixara o Egito a cargo de administradores locais, ainda que sob o olhar vigilante de diversas autoridades gregas. Alexandria, que havia sido projetada com planta ortogonal, começou a tomar forma. Foi ocupada basicamente por gregos, mas havia também residentes judeus e egípcios.

Alexandre, imortalizado como "o Grande", morreu na Babilônia. Não conseguiu estabelecer firmes planos sucessórios, e seu império se fragmentou em uma guerra civil entre seus generais. Um deles, Ptolomeu (*c.* 366-283), muito amigo de Alexandre, assumiu o controle do Egito e acabaria por se autonomear rei do país. Ele fez de Alexandria sua capital e, de lá, seus descendentes governariam o Egito por quase três

Antônio e Cleópatra

César foi assassinado em 44 a.C. Cleópatra continuou a governar o Egito, envolvendo-se com Marco Antônio (83-30), um dos principais comandantes de César, com quem se casou. No ano 32, o Egito mergulhou numa guerra civil entre Marco Antônio e Otaviano (63 a.C.-14 d.C.), sobrinho-neto e herdeiro de César. As forças de Otaviano invadiram o Egito e forçaram Marco Antônio a cometer suicídio. Otaviano entrou em Alexandria, onde Cleópatra permanecera durante os combates, e a ocupou. Cleópatra foi poupada, mas, quando ouviu boatos de que seria levada para Roma e exibida como cativa de Otaviano, cometeu suicídio para escapar a tal destino. Otaviano, que assumiu o nome Augusto, tornou-se o primeiro imperador de Roma em 27 a.C.

séculos. Ptolomeu aumentou o prestígio de Alexandria ao abrigar na cidade o túmulo de Alexandre; suas forças haviam interceptado o cortejo fúnebre que o levava de volta para a Macedônia. O maior plano de Ptolomeu para a cidade era construir um museu (*Mouseion*) para a adoração das Musas, as nove deusas que inspiravam a criatividade e o estudo nas artes, na literatura e na ciência. O local não abrigaria somente um templo, mas também um jardim, um zoológico e um observatório. Sua característica mais famosa era a Biblioteca. Ptolomeu morreu em 283 e foi sucedido pelo filho, Ptolomeu II (308-246), que supervisionou a conclusão das obras do museu e da Biblioteca. Também terminou a construção do Farol de Alexandria, construído ao largo do continente, na Ilha de Faros, e que tinha cerca de 110 metros de altura.

O *Mouseion* foi generosamente financiado pelos reis ptolomaicos, ávidos por apoiar empreitadas intelectuais. Dava guarida a uma comunidade de cerca de quarenta eruditos, que recebiam pensão completa, ficavam isentos de impostos e ganhavam um salário para estudar seus temas, além de dar palestras ao público e lecionar. A proteção e o financiamento da Coroa concediam aos intelectuais de Alexandria alto grau de liberdade acadêmica. A cidade ficava para trás em relação a outras da Grécia em poesia e literatura, mas se destacava no estudo das ciências, em particular medicina, matemática, mecânica e astronomia. Arquimedes de Siracusa (*c.* 287-212), um dos maiores cientistas da Antiguidade, pode ter trabalhado na Biblioteca. O matemático Euclides (*fl. c.* 300) certamente o fez, bem como o astrônomo Aristarco de Samos (*c.* 310-*c.* 230), que teorizou sobre um sistema solar heliocêntrico 1.800 anos antes do polonês Nicolau Copérnico (1473-1543). A Biblioteca tinha um supervisor designado pela Coroa e reunia textos dos mundos helênico, egípcio e mesopotâmico. Tão ansiosos eram os reis ptolomaicos em assegurar sua conclusão que todos os navios que atracavam em Alexandria tinham sua carga inspecionada em busca de itens que ainda não fizessem parte da coleção, no intuito de apreendê-los e copiá-los. Outras obras eram compradas por agentes da Coroa em cidades como Atenas e Rodes. Dinheiro não era problema. Quando Ptolomeu III (*c.* 280-222) escreveu para outros Estados pedindo seus livros para copiá-los, Atenas enviou vários textos importantes; a Biblioteca ficou com os originais, ainda que isso tenha acarretado a perda por parte do rei de 15 talentos (cerca de 150 quilos de prata). Em meados do século III a.C., havia no local cerca de 490 mil rolos de pergaminho; mais de 4/5 do total continham o texto de mais de uma obra (havia ainda mais de 40 mil obras guardadas no Serapeu, templo dedicado ao culto a Serápis, entidade greco-egípcia protetora de Alexandria).

Hipátia de Alexandria

Um dos últimos membros conhecidos do *Mouseion* foi Téon (*c.* 335-405), especializado em matemática e astronomia. Sua filha, Hipátia (*c.* 350-415), foi a maior astrônoma e matemática de sua época, além de dar aulas em sua escola de filosofia. Pagã, tornou-se alvo de ódio e, em 415, foi atacada por uma turba de fanáticos cristãos e brutalmente assassinada. A morte trágica de Hipátia foi sintomática do declínio de Alexandria da posição de maior centro mundial de estudos.

Na segunda metade do século II a.C., a Biblioteca havia perdido grande parte de seu prestígio, mais focada em proteger sua coleção do que em ser um lugar para a inovação. A situação espelhava a da Dinastia Ptolomaica, que entrara em declínio, com a República Romana tendo cada vez mais influência sobre ela. Quando uma guerra de sucessão entre Ptolomeu XIII (*c.* 62-47) e sua irmã Cleópatra VII (69-30) começou no ano 48, Roma interveio com Caio Júlio César (100-44). Ele mesmo se via em meio a outra guerra civil contra rivais republicanos que acreditavam que havia se tornado excessivamente poderoso. Chegara ao Egito em perseguição a Pompeu (106-48), outrora seu amigo e transformado em maior rival. Pompeu havia tentado obter asilo com Ptolomeu XIII, mas este mandara assassinar o hóspede, acreditando que isso agradaria a César e garantiria seu apoio. Pois foi o contrário; César ficou desolado com a morte do antigo aliado. Cleópatra foi mais bem-sucedida em seus apelos a César; depois de se conhecerem, os dois se tornaram amantes. No Cerco de Alexandria, as forças de Ptolomeu XIII foram derrotadas por César, assegurando o trono para Cleópatra. Tal fato teve um custo para a Biblioteca: os soldados de César haviam dado início a um incêndio nas docas para impedir a navegação inimiga, mas por acidente as chamas se alastraram na direção do prédio, que foi parcialmente destruído e perdeu mais de 40 mil rolos de papiro. Ela foi reconstruída, e César recompôs a coleção presenteando Cleópatra com 200 mil obras de Pérgamo, uma cidade na Anatólia que tinha sua própria biblioteca.

Sob o reinado de Augusto, o Egito se tornou uma província do Império Romano e Alexandria continuou a ser um rico entreposto comercial. O declínio da Biblioteca foi gradual. Em 215, o Imperador Caracala (188-217) saqueou Alexandria brutalmente, como um ato de vingança contra supostas críticas de seus cidadãos, causando grandes danos ao prédio. Nos anos 390, o Imperador Teodósio I (347-395), que declarara o cristianismo religião estatal do Império Romano, lançou uma campanha visando à queima de obras "pagãs", o que levou à destruição de grande parte da coleção. Quando Alexandria foi conquistada pelo Império Árabe em 642, a Biblioteca não passava de uma sombra de seu tempo de glória. Pouco ou nada da coleção havia restado. A instituição ancestral e seu espírito de aprendizado são celebrados por um moderno complexo, misto de biblioteca e museu, a Biblioteca Alexandrina, inaugurada oficialmente em 16 de outubro de 2002.

O Panteão de Roma

O Império Romano atingiu seu ápice de grandeza em 117 d.C., ao fim do reinado de Trajano (53-117). Seu sucessor, Adriano (76-138), supervisionou a reconstrução do Panteão, um dos maiores exemplos que restam da sofisticação da arquitetura romana.

Segundo a lenda, Roma foi fundada em 753 a.C. por Rômulo, que se tornaria seu primeiro rei. Na verdade, foi estabelecida antes dessa data, possivelmente já no século X a.C. Reis a governaram até o ano 509, quando cidadãos de primeira classe se rebelaram e aboliram a monarquia para estabelecer a República Romana. Não se tratava de uma república estritamente democrática; apenas homens livres podiam votar, e o sistema dava mais poder aos ricos. Dos séculos V a III, Roma tornou-se potência dominante na Itália. Iniciou então uma série de conflitos com o Império de Cartago, que, de colônia fenícia comercial nas proximidades de onde hoje fica Túnis, veio a controlar a maior parte do norte da África, o sul da Espanha, a Córsega, a Sardenha e a Sicília. A Primeira Guerra Púnica (o nome se deve a *Punicus*, latim para cartaginês, que se originou de "fenício") eclodiu em 264. Roma reforçou sua frota naval para confrontar Cartago. Em 241, havia derrotado o inimigo e recuperado a Sicília. Três anos depois, anexou a Córsega e a Sardenha. A Segunda Guerra Púnica teve início em 218, quando o general cartaginês Aníbal Barca (247-183) invadiu a Itália pelos Alpes. Embora tenha obtido uma série de triunfos e infligido pesadas baixas a Roma, não conseguiu capturar a cidade. Em 202, Aníbal foi forçado a voltar para casa e enfrentar um exército romano que invadira o norte da África. Foi derrotado 129 km a sudoeste de Cartago, na Batalha de Zama. Foi o marco do fim do poderio de Cartago, que perdeu os territórios espanhóis e teve que pagar uma enorme indenização. Aníbal foi forçado a se exilar e morreu na Anatólia, cometendo suicídio depois de um rei local tomar providências para entregá-lo a Roma. Na Terceira Guerra Púnica (149-146), Roma capturou e destruiu Cartago, escravizando o povo local e anexando seus territórios remanescentes. À vitória romana sobre os cartagineses seguiram-se conquistas na Grécia, na Anatólia e na Síria.

Durante o século I a.C., Roma foi assolada por conflitos internos. Caio Júlio César (100-44) ganhou destaque buscando cair nas graças do povo e, entre 58 e 50, comandou a conquista e anexação da Gália (a atual França). O Senado, temendo que ele estivesse se tornando por demais poderoso, ordenou que abrisse mão de seus exércitos. César se recusou e, em 49, marchou Itália adentro, dando início a uma guerra civil que terminou com sua vitória, no ano 44. César recebeu poderes extraordinários, mas foi morto a facadas em Roma por um grupo de senadores conservadores. O assassinato não restaurou o status quo. O filho adotivo e sobrinho-neto de César, Otaviano (63 a.C-19 d.C.) se estabeleceria como imperador de Roma em 27, dando um fim formal à República. Adotou o nome Augusto e orientou a expansão para a Ibéria, o norte da África e a Europa Central. Após a morte de Augusto, o Império Romano sofreu com periódicas disputas sucessórias e a derrubada violenta de imperadores (no ano 69, o posto esteve nas mãos de quatro pessoas diferentes). Ainda assim, instituições como o exército, a administração, o sistema jurídico, a moeda e a infraestrutura de transportes significaram que Roma manteve sua força, apesar da turbulência política.

Um dos aliados mais próximos de Augusto era seu genro, Marco Vipsânio Agripa (63-12 a.C.). Além de ser estadista e soldado, Agripa coordenava vários projetos de construção em Roma, muitos dos quais localizados no Campo de Marte, uma área nas cercanias imediatas da cidade, de terreno basicamente aberto e pantanoso. Pois Agripa o transformou em parque e acrescentou dois complexos para os cidadãos depositarem seus votos, o Diribitório e a Saepta Julia (esta concebida por César), bem como as Termas de Agripa, enormes banhos públicos, e a Basílica de Netuno, erguida no intuito de celebrar suas vitórias navais. Por fim, Agripa ergueu um templo retangular dedicado a todos os deuses, chamado Panteão, que ficou pronto entre os anos 27 e 25. Era cheio de estátuas de divindades, como Marte, Vênus e o Divino Júlio (Júlio César deificado). Augusto se recusou a permitir que uma imagem sua fosse incluída no santuário principal, embora uma estátua tenha sido instalada no pórtico. Quando Agripa morreu, foi homenageado com seu sepultamento no Mausoléu de Augusto, localizado no Campo de Marte, ao norte do Panteão, onde mais tarde juntou-se a ele o próprio imperador.

Por volta do ano 80, o Panteão de Agripa foi destruído por um incêndio e um novo templo foi erguido no local, mas pouco se sabe sobre o projeto. Nessa época, o expansionismo romano já desacelerava. Após o século I, Roma basicamente evitou guerras expansionistas, concentrando-se na manutenção de suas fronteiras. Ninguém encarnou melhor tal política de contenção do que Adriano (76-138), ex-soldado nascido na Espanha, que se tornou imperador em 117. Passou grande parte do reinado em viagens pelo império, numa tentativa de unificar seu vasto território. Adriano foi um construtor ativo, comandando muitos projetos, inclusive a muralha de fronteira que leva seu nome, erguida para defender a Britânia Romana. Adriano deu início aos trabalhos no Panteão por volta de 118, e o local foi consagrado entre 126 e 128. Sua característica principal era o domo, o maior da Antiguidade. Foi construído com concreto, assim como boa parte do restante da edificação, material que empreiteiros romanos já usavam

A BASÍLICA DE SÃO PEDRO

No ano 64, o apóstolo Pedro foi crucificado em Roma; denominado por Jesus a "pedra" sobre a qual ergueria sua Igreja, é visto como o primeiro papa. No início do século IV, uma basílica foi construída em torno do túmulo e do santuário de Pedro. No século XV, encontrava-se envelhecida e decrépita. A pedra fundamental de uma nova basílica foi lançada em 1506; contudo, só ficaria pronta em 1626. Abarrotada de obras de arte de valor inestimável, era a maior igreja do mundo.

pelo menos desde o século II a.C. A destreza dos romanos no uso do concreto não teria rival até o fim do século XVIII. O domo foi esculpido numa só peça, preenchendo uma moldura de madeira com concreto para criar um perfeito formato hemisférico. Depois que o concreto secou, a moldura foi retirada. Havia uma abertura circular, ou óculo, no topo, a única fonte de luz natural para o interior. O piso era ligeiramente convexo para que o escoamento fosse mais rápido quando entrasse chuva pelo óculo. Era pavimentado com mármore, pórfiro e granito colorido extraído de lugares tão longínquos quanto o Egito e a Anatólia. Adriano manteve em seu Panteão a inscrição original no frontão que atribuía a edificação a Agripa.

O cristianismo começou a ganhar seguidores em Roma a partir de meados do século I. Apesar da violenta perseguição aos cristãos, mais e mais pessoas se convertiam. O status da religião foi transformado por Constantino I (*c.* 272-337) ao promulgar, em 313, o Édito de Milão, dando fim à perseguição aos cristãos por parte do Estado. No ano 380, Teodósio I declarou o cristianismo religião oficial do Império Romano. Isso conferiu grande prestígio ao papa, também conhecido como Bispo de Roma, e ajudou a sustentar seu pleito de ser considerado a principal autoridade da Igreja. À medida que Roma se tornava cristã, o poder do imperador se fragmentava.

Em 609, o Panteão foi convertido em igreja e rebatizado Santa Maria Rotonda. Isso garantiu que não ficasse depauperado ou fosse demolido para reaproveitamento de materiais de construção, como ocorreu com tantos outros prédios romanos.

As peças de decoração "pagãs" foram retiradas e substituídas por afrescos, pinturas e esculturas cristãs. Muitas outras modificações foram feitas no Panteão, incluindo o acréscimo de capelas, a remoção das telhas de bronze folheadas a ouro, o sepultamento dos ossos de mártires em seu interior, o revestimento do domo com uma cobertura de chumbo e a construção de uma torre sineira sobre a fachada do pórtico (posteriormente removida). A Renascença foi iniciada na Itália (disseminando-se depois para o restante da Europa) no fim do século XV e no XVI, e trouxe consigo uma redescoberta de textos, obras de arte e edifícios ancestrais.

Os ícones da Renascença olhavam com admiração para os prédios clássicos e buscavam reproduzir seu estilo – o domo do Panteão foi uma inspiração para muitos outros edifícios, como a Catedral de Florença e a Basílica de São Pedro. Apesar de tido em alta conta, o Panteão não sobreviveu inteiramente incólume. O Papa Urbano VIII (1568-1644) removeu o teto de bronze do pórtico e derreteu o metal para fabricar canhões (uma parte foi usada para fazer o baldaquino sobre o altar-mor da Basílica de São Pedro). Urbano acrescentou ainda torres sineiras gêmeas ao frontão, que foram demolidas ao final do século XIX. Na época, a Itália já havia sido reunificada; era, pela primeira vez desde o século VI, um só reino. Como o Panteão se impunha como a mais visível lembrança do passado glorioso de Roma, e da Itália, fez sentido que o primeiro rei do novo Reino da Itália, Vítor Emanuel II (1820-78), e seu filho e sucessor, Umberto I (1844-1900), tenham sido enterrados ali.

Os Saques a Roma

Durante o fim do século IV e o século V, o Império Romano se viu sob o ataque de tribos germânicas e dos hunos. Roma tornou-se uma cidade decadente, ofuscada por outras na Itália, como Ravena e Milão. Foi saqueada em 410 pelos visigodos e, em 455, pelos vândalos. Em 476, o líder germânico Odoacro (433-493) saqueou Roma e estabeleceu-se como rei da Itália. Embora o Império Romano tenha prosseguido no Oriente via Bizâncio, aquele foi o fim do Império Romano do Ocidente.

4

O Início da Era Medieval

Os Estreitos Turcos

Separando a Europa da Ásia e o Mar Mediterrâneo do Mar Negro estão dois exíguos estreitos, o de Bósforo e o de Dardanelos, conectados pelo Mar de Mármara. Eles foram estrategicamente vitais por séculos, em particular após a fundação da grande metrópole de Constantinopla – hoje conhecida como Istambul – no Bósforo.

No século VII a.C., colonos gregos fundaram dois povoados no Bósforo: Bizâncio, do lado europeu, e Calcedônia, do asiático. O controle de Bizâncio era vital para os gregos durante as guerras com a Pérsia no século V a.C., e ela se tornou uma importante cidade comercial. Caiu sob domínio romano e, em 324 d.C., o Imperador Constantino, o Grande, selecionou-a para ser sua nova capital imperial e local de residência. A nova cidade foi inaugurada em 330 com o nome de *Constantinopolis nova Roma*, mas tornou-se mais conhecida como Constantinopla. Com a guinada para o Oriente do centro de poder do Império Romano e a conquista de seus territórios no Ocidente por tribos invasoras, Constantinopla viria a superar Roma em tamanho, riqueza e importância. Tornou-se a capital do Império Bizantino, que era uma sequência das províncias orientais romanas (em seu auge, no início do século VI, controlava também grande parte da Itália, o norte da África e o sul da Espanha).

A Guerra de Troia

A Guerra de Troia, que possivelmente ocorreu em meados do século XIII a.C., foi tema de parte da *Odisseia* e da *Ilíada*, de Homero, duas das maiores obras da literatura grega na Antiguidade. O foco do conflito foi a cidade de Troia, que pode ter existido no lado asiático de Dardanelos. Como tal, a Guerra de Troia teria sido o primeiro de muitos conflitos ocorridos ao longo dos Estreitos turcos.

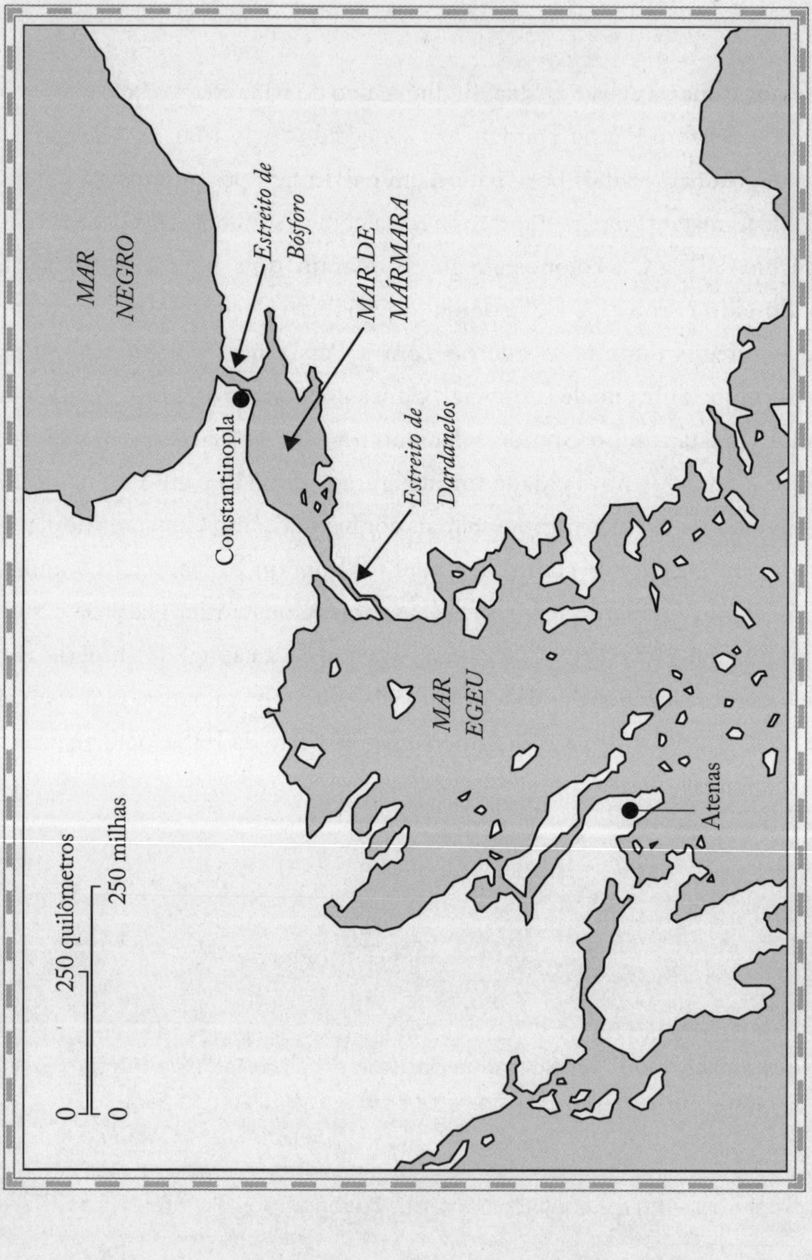

Os Estreitos turcos por volta do ano 1400.

A leste, Constantinopla era protegida pelas águas do Bósforo, mas seus arredores ocidentais foram vulneráveis a invasões por terra até a construção de fortificações formidáveis no início do século V. Ainda assim, a cidade sofreu repetidos ataques de potências estrangeiras. Em 625, defendeu-se de um ataque conjunto dos ávaros, grupo nômade do norte do Danúbio que avançava por terra a partir do Ocidente, e do Império Persa, que atacava pelo mar. Duas tentativas árabes, em 677 e 717-18, foram repelidas com o uso de fogo grego (um precursor do napalm) contra seus navios. Usou-se a mesma estratégia em 941, quando o povo rus (originário dos territórios onde hoje estão Rússia, Ucrânia e Belarus) tentou uma invasão pelo Mar Negro. Constantinopla foi finalmente conquistada em 1204 por um exército cruzado católico, levando ao desmembramento do Império Bizantino. Naquele tempo, seu poder já havia encolhido sob a pressão dos turcos seljúcidas, que haviam tomado grande parte de seu território no Oriente Médio e na Anatólia. Os imperadores bizantinos reconquistaram Constantinopla em 1261, mas seu poder se esvanecia, ofuscado por uma nova força: o Império Otomano.

Os otomanos eram um povo turco muçulmano, batizado em homenagem a Osmã I (morto em 1323/4), o fundador de sua dinastia e governante de um pequeno reino na Anatólia. Após conquistar o controle de toda a Anatólia, os otomanos expandiram seu poder através dos Estreitos turcos para obter territórios na Grécia e nos Bálcãs. Haviam falhado na tentativa de tomar Constantinopla, apesar de um bloqueio que durou de 1390 a 1402, e de sitiá-la em 1411 e 1422. Sob Maomé II (1432-81), retornaram pela quarta vez, com uma poderosa armada de 160 mil homens. Constantinopla só conseguiu reunir 7 mil para defendê-la. Maomé impediu que reforços e novos suprimentos chegassem à cidade antes de derrubar os muros com armas de pólvora, que permitiram a entrada de seus homens. O último imperador bizantino, Constantino XI Paleólogo (1405-53), morreu em combate. Maomé rebatizou a cidade, que se tornou a capital otomana, Istambul; em um ato simbólico do novo regime, a imponente Santa Sofia foi transformada de catedral em mesquita. Ao longo dos 200 anos seguintes, o Império Otomano se expandiu ainda mais pela Europa, norte da África e Oriente Médio.

No século XIX, o Império Otomano havia encolhido significativamente tanto em tamanho como em influência, e inimigos externos e movimentos nacionalistas em suas províncias ameaçavam encolhê-lo ainda mais. Em 1908, os Jovens Turcos, um grupo de oficiais de visão reformista, tomaram o controle do império numa revolução, forçando o sultão a instituir uma monarquia constitucional parlamentarista. Não conseguiram impedir derrotas na Guerra Ítalo-Turca (1911-12) nem na Primeira Guerra dos Bálcãs (1912-13), e o Império Otomano foi privado de ainda mais territórios. Para contrabalançar o poder naval da Grécia (que obtivera a independência total dos otomanos em 1832) e solidificar sua presença nos Estreitos turcos e em seu entorno, o império encomendara dois navios de guerra modernos do Reino Unido. Haviam sido financiados, em parte, por dinheiro de populares coletado império afora, mas nunca chegariam a integrar a frota otomana. Em 1º de agosto de 1914, alguns dias após a eclosão da I Guerra Mundial, os dois navios foram requisitados pelo governo britânico. A indignação pública no Império Otomano aproximou-o da Alemanha. No dia seguinte, foi assinada uma aliança entre as duas potências; os alemães ofereceriam apoio militar aos otomanos em troca de poder avançar por dentro de seu território. Em 10 de agosto, dois navios de guerra alemães chegaram ao Estreito de Dardanelos; sua passagem pelos Estreitos foi permitida e foram incorporados à Marinha otomana. O Império Otomano entrou na I Guerra Mundial em 29 de outubro, quando os dois navios atacaram portos russos no Mar Negro. Em retaliação, Rússia, Reino Unido e França declararam guerra aos otomanos no mês seguinte. O apoio da Alemanha ao império foi vasto, incluindo dinheiro, suprimentos e tropas. Engenheiros alemães construíram novas baterias de artilharia em Dardanelos, além de instalarem poderosos holofotes para avistar navios inimigos, redes subaquáticas para deter submarinos e um sistema de radiotelégrafo para coordenar defesas. As águas em torno de Dardanelos e de Bósforo foram ainda mais intensamente minadas e reforçadas.

Em fevereiro e março de 1915, uma esquadra anglo-francesa atacou os Estreitos na esperança de assegurar o domínio da rota para o Mar Negro, o que lhes permitiria reabastecer a Rússia com mais facilidade. A operação foi desastrosa para os Aliados, pois a artilharia e as minas otomanas causaram-lhes grandes danos. O fracasso da operação naval levou-os a lançarem uma invasão anfíbia de Dardanelos, arregimentando uma força multinacional de 75 mil homens, com tropas do Reino Unido, da Terra Nova, da Nova Zelândia, da Austrália, da Índia e da França (bem como homens das colônias francesas na África). Os primeiros desembarques ocorreram em 25 de abril; os Aliados montaram duas cabeças de praia na Península de Galípoli (do lado europeu de Dardanelos). Na Austrália e na Nova Zelândia, a data é lembrada como Dia Anzac, e nela se celebra o serviço e o sacrifício de soldados de ambos os países. O terreno rochoso foi palco de uma implacável guerra de trincheiras; apesar da chegada de reforços em agosto, os Aliados não conseguiram avanços permanentes para muito além de suas cabeças de praia. Ao fim do ano, começaram a se retirar de Galípoli, milagrosamente conseguindo fazê-lo sem incorrer em nenhuma morte. Os últimos soldados Aliados foram embora em 9 de janeiro de 1916. Ao todo morreram 142.500 homens na campanha (mais da metade foram turcos).

As forças otomanas continuaram a lutar nos Bálcãs, no Cáucaso e no Oriente Médio enquanto conduziam uma campanha genocida de assassinatos e deportações contra armênios. Gregos e assírios também sofreram violência estatal. Em 30 de outubro de 1918, os otomanos assinaram, por fim, um armistício, permitindo aos Aliados acesso aos Estreitos. Em 13 de novembro, 42 navios Aliados passaram, imponentes, por Dardanelos, rumo a Istambul, que foi então ocupada. Em 1920, o Império Otomano assinou o Tratado de Sèvres, que concedeu a independência a seus territórios não turcos. Tropas Aliadas continuaram em Istambul, e os Estreitos foram delegados à autoridade de uma comissão internacional para a qual o Império Otomano só poderia entrar se e quando a Liga das Nações o admitisse. Em resposta aos termos, o oficial do exército Mustafa Kemal (1881-1938) liderou um levante nacionalista armado que rejeitou Sèvres. Graças a essa Guerra de Independência da Turquia, o Império Otomano foi deposto e a República da Turquia, declarada em

A Convenção dos Estreitos

Embora tenha declinado durante o século XIX, o Império Otomano manteve o controle estrategicamente vital dos Estreitos turcos. Contudo, em 1833, os otomanos assinaram o Tratado de Hünkâr Iskelesi com a Rússia, concordando em fechar os Estreitos para navios de guerra estrangeiros se os russos assim o requisitassem. O potencial da Rússia de dominar a rota do Mar Negro ao Mediterrâneo preocupava outras grandes potências e levou à Convenção dos Estreitos, em Londres, em 1841. O poderio otomano foi assim restabelecido com o fechamento da passagem a todos os navios militares estrangeiros em tempos de paz, permitindo seu uso a países aliados apenas em tempos de guerra.

1923. Suas fronteiras foram reconhecidas pelos Aliados sob o Tratado de Lausanne, que também determinou que os Estreitos se tornariam zona internacional, a ser governada por uma comissão encabeçada por um turco – seria ainda desmilitarizada, a não ser por uma pequena guarnição em Istambul. Kemal virou presidente, permaneceu no posto até morrer e aprovou uma série de reformas modernizantes; mais tarde ganharia o sobrenome Atatürk, que significa "Pai dos Turcos". Foi ele quem comandou a Convenção de Montreux sobre o regime dos Estreitos, em 1936, que deu à Turquia o controle total da região, podendo remilitarizá-la e, ao mesmo tempo, garantir passagem irrestrita para navios comerciais de todas as nações que não estivessem em guerra com o país. Esse acordo continua a valer ainda hoje sobre os Estreitos turcos no tocante às rotas marítimas mais importantes do mundo.

A Igreja de Santa Maria de Sião

O Reino de Axum, que teve suas origens na atual Etiópia, foi uma das grandes potências medievais da África. Era o renomado guardião da Arca da Aliança, relíquia igualmente sagrada para judeus e cristãos, então guardada na Igreja de Santa Maria de Sião.

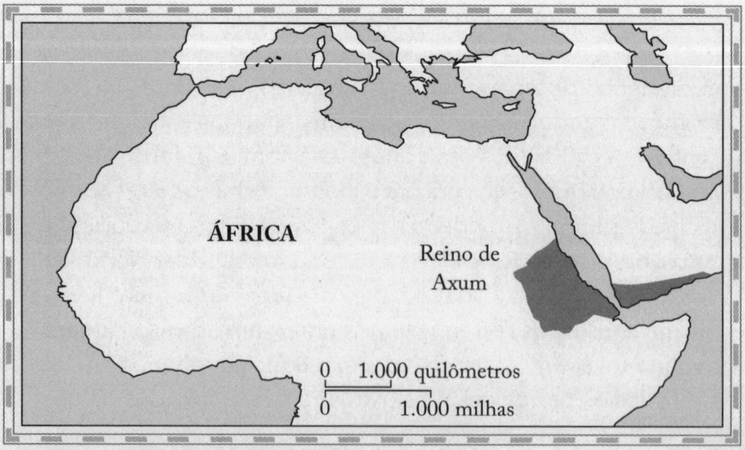

O Reino de Axum, em meados do século VI.

No século X a.C., a semimítica Rainha de Sabá teria viajado a Jerusalém, onde conheceu o Rei Salomão, impressionando-o com seus fabulosos dotes e intelecto, para então converter-se ao judaísmo e voltar para casa. Segundo fontes etíopes, seu nome era Makeda, teria vindo da Etiópia e tido um filho com Salomão, chamado Menelik. Este, na juventude, teria retornado a Jerusalém para conhecer seu pai e depois voltado para casa, para governar a Etiópia, dando origem a uma dinastia que durou quase três milênios. Reza a lenda que teria trazido com ele a Arca da Aliança, o baú de madeira recoberto de ouro que continha as tábuas de pedra com os Dez Mandamentos.

Axum fica no Planalto de Tigré, no norte da Etiópia. Foi o centro de um reino que ganhou destaque durante os séculos II e III. Um dos alicerces do seu crescimento foi o comércio; mercadores axumitas estabeleceram elos com o mundo greco-romano e com lugares tão distantes quanto a Índia, dominando as rotas comerciais que transportavam mercadorias do interior da África aos seus portos no Mar Vermelho. Os reis de Axum, que se diziam descendentes de Menelik, adotaram o cristianismo no segundo quarto do século IV, durante o reinado de Ezana (morto por volta do ano 360). Ezana foi educado por um cristão sírio chamado Frumêncio (morto por volta do ano 383), escravo liberto que, por ter caído nas graças da Corte, ganhara o direito de pregar sua fé. Frumêncio então tomou o rumo norte até Alexandria, para se encontrar com o patriarca, que o tornou bispo. Retornou a Axum, onde batizou Ezana. A Etiópia tornou-se assim o segundo país a adotar o cristianismo como religião oficial (após a Armênia, que o fizera em 301). A Igreja Ortodoxa Etíope manteve as próprias tradições, o que a deixou muito distante do catolicismo, em particular por não reconhecer a supremacia papal. A população etíope foi convertida por missionários que espalharam a fé por todo o seu território. Como Frumêncio estabeleceu seu episcopado na cidade de Axum, uma catedral, a Igreja de Santa Maria de Sião, foi construída no local. Era uma edificaçao de 600 m^2 no centro de um complexo murado, e consta que teria se tornado o abrigo da Arca da Aliança.

Em meados do século VI, Axum havia ampliado as fronteiras para além da atual Etiópia e da Eritreia, governando partes do sul da Arábia, do Sudão, do Egito, do Djibuti e da Somália. Contudo, durante os séculos VII e VIII, o poder dos reis axumitas declinou à medida que o Califado Islâmico invadia seu território, conquistando suas terras árabes e prejudicando suas rotas comerciais. A cidade de Axum perdeu prosperidade, embora tenha continuado a ser um importante centro religioso graças à catedral. Em meados do século X, uma rainha estrangeira, possivelmente judia, chamada Gudit, atacou a cidade, destruindo a igreja e basicamente dando fim ao Reino de Axum. Apenas em 1137 outra dinastia, a dos Zagwe, obteve o controle da Etiópia, ainda que deposta em 1270 por um príncipe que alegava ser descendente dos reis de Axum (e, portanto, de Salomão e da Rainha de Sabá) e estabeleceu o Império Etíope. Santa Maria de Sião, já reconstruída, se tornaria o local tradicional de coroação dos imperadores etíopes.

Para os europeus, a Etiópia continuava a ser uma terra misteriosa – durante a Era Medieval, alguns acreditavam ser a terra de "Preste João", um poderoso rei cristão. Mesmo depois de os exploradores e comerciantes portugueses chegarem à Etiópia ao final do século XV, muitos ainda associavam o imperador etíope com o lendário monarca. Em 1529, o Império Etíope foi invadido pelo Sultanato de Adal, um Estado muçulmano cujo centro era o território atual da Somália. Seu líder, Ahmad ibn Ibrahim al-Ghazi (*c.* 1506-43), ocupou e anexou boa parte do país, atacando Axum e queimando a Igreja de Santa Maria de Sião. Os imperadores etíopes só conseguiram recuperar o controle das terras em 1543, quando, aliados a Portugal (disposto a proteger seus interesses na região), derrotaram e mataram Ahmad em combate. Em 1563, o Imperador Sarsa Dengel (1550-97) celebrou sua coroação em Axum e então construiu uma pequena igreja onde ficavam as ruínas de Santa Maria de Sião. Ela foi destruída em 1611, numa invasão dos oromos, povo cuja terra natal era onde é hoje o sul da Etiópia e o norte do Quênia. Os oromos desestabilizaram a posição dos imperadores etíopes, sobre os quais pairava também a influência cada vez maior dos missionários jesuítas. O ponto culminante veio em 1622, quando o Imperador Susenyos I (1572-1632) declarou o catolicismo a religião oficial da Etiópia, uma decisão tremendamente impopular que o pôs em conflito com seus súditos. Distúrbios em 1632 forçaram-no a abdicar do trono em favor do filho, Fasíladas (1603-67), que restaurou a Ortodoxia Etíope. Fasíladas também comandou a construção da atual Santa Maria de Sião, com muitas influências portuguesas e indianas, que ficou pronta em 1665.

O Império Etíope se manteve independente enquanto Estados europeus dividiam entre si o restante da África no final do século XIX e princípio do XX. Sob a influência do Imperador Hailé Selassié (1892-1975), que chegou ao trono em 1930 tendo servido nos quinze anos anteriores como regente, a Etiópia se modernizou;

a escravidão foi abolida, a infraestrutura melhorou e o país entrou para a Liga das Nações. Em 1935 foi invadido pela Itália. Armados com tanques, aviões e gases venenosos, em dois anos os italianos derrotaram as forças etíopes e anexaram o país. Hailé Selassié viajou para Genebra no intuito de apelar à Liga das Nações, que nada fez para proteger a soberania de um dos seus Estados-membros. Com seu país sob ocupação inimiga, Selassié foi para o exílio na Inglaterra. Voltou para casa em 1941, à frente de um exército Aliado. A Etiópia tornou-se o primeiro país a ser liberado do controle do Eixo. Selassié continuou a reinar e, em 1965, construiu em Axum uma nova catedral, moderna, com um domo de concreto, perto do local onde havia existido a Santa Maria de Sião original. Hailé Selassié foi deposto em 1974 pelo Dergue, uma ditadura militar comunista que governaria a Etiópia até 1987. A cidade de Axum é hoje um pequeno centro distrital. Não é sequer capital de província, embora a Igreja Ortodoxa Etíope ainda a declare o verdadeiro lar da Arca da Aliança.

A Caverna de Hira

Jabal al-Nour é uma montanha no oeste da Arábia Saudita, nos arredores de Meca. Em uma das encostas está a Caverna de Hira, onde o Profeta Maomé (*c.* 570-632) recebeu a revelação divina que o inspiraria a fundar uma nova fé.

Meca é o lar da Kaaba, uma edificação em forma de cubo (supostamente erguida por Abraão e seu filho Ismael) que abrigava uma pedra negra sagrada, continha ídolos pagãos e foi centro de peregrinação para os habitantes politeístas da região. No século VI, Meca era governada pela tribo coraixita, que transformou a cidade em um importante entreposto comercial.

Maomé era coraixita. Órfão aos seis anos de idade, foi criado pelo tio e trabalhou como comerciante. Por volta de seus 25 anos, casou-se com Cadija (555-620), uma bem-sucedida mercadora que o contratara para guiar uma caravana até a Síria. Ao ficar mais velho, Maomé passou a se afastar de Meca para longos períodos de reflexão solitária nas Montanhas de Sirat, que circundam a cidade. Em torno de 610, quando meditava na Caverna de Hira, uma pequena câmara natural na Jabal al-Nour ("Montanha da Luz"), recebeu uma visita do anjo Gabriel, em um evento que ficou conhecido como a "Noite do Poder", quando os primeiros versos do Alcorão lhe foram revelados (Maomé revelaria, pouco a pouco, o restante do livro sagrado a seus seguidores até o ano de sua morte). De início temia ter sido possuído, mas Cadija o tranquilizou. Maomé continuou a se recolher às montanhas para reflexão espiritual, chegando a passar vários dias na Caverna de Hira. As crenças que moldaram o islã como religião se formaram gradualmente. A princípio, Maomé só mencionou sua nova revelação aos familiares próximos, mas depois de três anos começou a pregar em público, ganhando seguidores entre os habitantes de Meca. A riqueza de Cadija foi fundamental para seu sustento nos primeiros anos do islã.

Devido à pregação de que Alá era o único deus, Maomé entrou em conflito com os governantes pagãos de Meca. O pequeno grupo de muçulmanos foi alvo de violência, e tão hostil a situação se tornou que, em 622, Maomé e seus seguidores migraram mais de 480 km na direção norte para se abrigarem na cidade de Medina. Lá, continuou a arrebanhar convertidos. Em 624, após alguns ataques a suas caravanas, teve início uma guerra entre os muçulmanos e Meca. Seis anos depois, Maomé forçou Meca a um acordo de paz e, dali em diante, obteve o controle da maior parte da Arábia. Em 632, liderou a Peregrinação do Adeus, que acabou na Kaaba. Purgado de ídolos, o local foi ordenado como a *qibla* – direção para a qual muçulmanos deveriam se virar na hora da reza. Assim foi estabelecida a tradição do *Hajj*, a peregrinação a Meca que se espera de todos os muçulmanos devotos. Algumas semanas depois, em Medina, Maomé morreu.

Nenhum filho do profeta sobreviveu a ele, que não havia especificado quem iria liderar o islã após sua morte. Um de seus conselheiros mais próximos, Abu Bakr (*c.* 573-634), foi selecionado para ser o próximo califa ("sucessor"). Pelo restante do século VII, o poder do califado cresceu em ritmo constante, estendendo-se primeiro na direção da Síria e do Iraque, depois combatendo os impérios bizantino e sassânida para ganhar territórios na Pérsia, no Cáucaso, na Anatólia e no norte da África. Em 661, os omíadas, poderoso clã de Meca, passou a controlar o califado, instituindo o poder hereditário e estabelecendo Damasco, na Síria, como capital. A divisão do islã em seus dois ramos principais, sunita e xiita, tem raízes nesse período, nos debates sobre quem deveria ser o sucessor de Maomé. Em 656, seu primo e genro Ali (601-61) tornou-se califa, mas teve dificuldades para impor sua autoridade e foi assassinado por um adversário político em Cufa, no Iraque. Foi sucedido por seu rival, Moáuia I (*c.* 602-680), fundador da Dinastia Omíada. Ali deixou dois filhos, Hassan (624-670) e Hussein (626-680), a quem foi permitido o exílio em Medina. Hassan morreu lá em 670. Dez anos depois, Hussein foi convidado a liderar uma rebelião contra os omíadas por seus adversários em Cufa. Tomou o rumo norte com sua família e apoiadores, mas a caravana foi interceptada por forças omíadas, em maior número. Hussein recusou-se a se render e foi executado junto com a maior parte da caravana. O local de sua morte virou um santuário e, graças aos peregrinos que atraía, cresceu e tornou-se a cidade de Carbala. No fim do século VII e no VIII houve mais revoltas contra os omíadas da parte dos que acreditavam que só descendentes de Ali poderiam liderar o islã. As diferenças se acirraram, e a divisão se tornou ideológica, com os xiitas (palavra originária de "grupo de Ali", em árabe) passando a estabelecer suas próprias práticas e crenças. Hoje, entre 10% e 15% dos muçulmanos do mundo são xiitas.

Apesar dos conflitos internos, o califado continuou a crescer. No século VIII, após estabelecerem seu domínio sobre boa parte do norte da África, os omíadas cruzaram o Estreito de Gibraltar e conquistaram uma grande área da Península Ibérica. Em 750, a família abássida, descendente do tio de Maomé, depôs os omíadas para assumir o controle do califado. Para comandarem o seu império, estabeleceram uma nova capital, chamada Bagdá, numa localidade onde ficava um pequeno povoado persa, às margens do Rio Tigre, a norte da metrópole ancestral da Babilônia. Ao redor do povoado, Bagdá cresceu e tornou-se uma das maiores, mais ricas e culturalmente importantes cidades do mundo. A autoridade abássida decaiu

A Casa do Saber

No coração de Bagdá estava a Madinat al-Salam ("Cidade da Paz"), que abrigava a corte abássida e a burocracia. Foi lá também que os abássidas fundaram a Casa do Saber (Bay al-Hikma), um centro de aprendizado que foi o berço de estudiosos que fizeram importantes descobertas, disseminaram novas ideias vindas da Índia (como seu sistema numérico) e preservaram textos clássicos em grego e latim por meio de traduções para o árabe. Em 1258, Bagdá foi saqueada pelos mongóis, mas continuou a ser uma cidade importante, tornando-se, em 1920, a capital da nova nação do Iraque.

aos poucos em decorrência de invasões estrangeiras e desordens internas, culminando na invasão da Mesopotâmia por parte do Império Mongol em 1258, quando Bagdá foi saqueada.

Apesar da relevância religiosa de Meca, o poder político no mundo islâmico estava em outras cidades, como Medina, Damasco, Bagdá, Cairo e Istambul. Meca, que um dia havia sido um entreposto comercial fervilhante, dependia dos peregrinos que a visitavam. No século X, era governada pelos xarifes, descendentes diretos de Maomé. Eles continuaram no posto depois que o Império Otomano assumiu o controle da Arábia no século XVI. Durante a I Guerra Mundial, aliaram-se aos ingleses para liderar a Revolta Árabe contra os otomanos. Contudo, a esperança de se estabelecerem como líderes de um grande Estado árabe no Oriente Médio foi frustrada e, em 1925, a Casa de Saud, originária da Arábia Central, expulsou os xarifes e conquistou Meca. Os Saud tornaram-se a família real do Reino da Arábia Saudita, fundado em 1932. Com a ajuda da receita de suas reservas de petróleo, investiram alto em Meca, promovendo um amplo trabalho de construções e reformas. A Caverna de Hira continua a mesma do dia da revelação do Profeta e tem forte ligação com o momento de fundação do islã.

Thingvellir

Em sociedades germânicas e nórdicas, homens livres se encontravam com frequência para solucionar conflitos e tomar decisões. Tais encontros (conhecidos como *things*) evoluíram e tornaram-se comitês, que viraram assembleias populares. O mais antigo desses comitês é o Althing (Parlamento) da Islândia, que se encontrava numa planície ("vellir"), na parte sul da ilha, que se tornaria conhecida como Thingvellir.

Os vikings se originaram na Escandinávia, e a partir do fim do século VIII fizeram ataques a áreas costeiras da Europa; ao longo dos três séculos seguintes, a visão de suas embarcações características, os dracares, inspirou temor continente afora. Eles criaram laços comerciais com lugares tão distantes quanto o Oriente Médio e o norte da África, e migraram para outras terras, em particular para a Grã-Bretanha, a Irlanda e a Normandia. Exímios navegadores, descobriram novas terras e colonizaram ilhas no Mar do Norte e no Atlântico. Sua maior colônia foi a

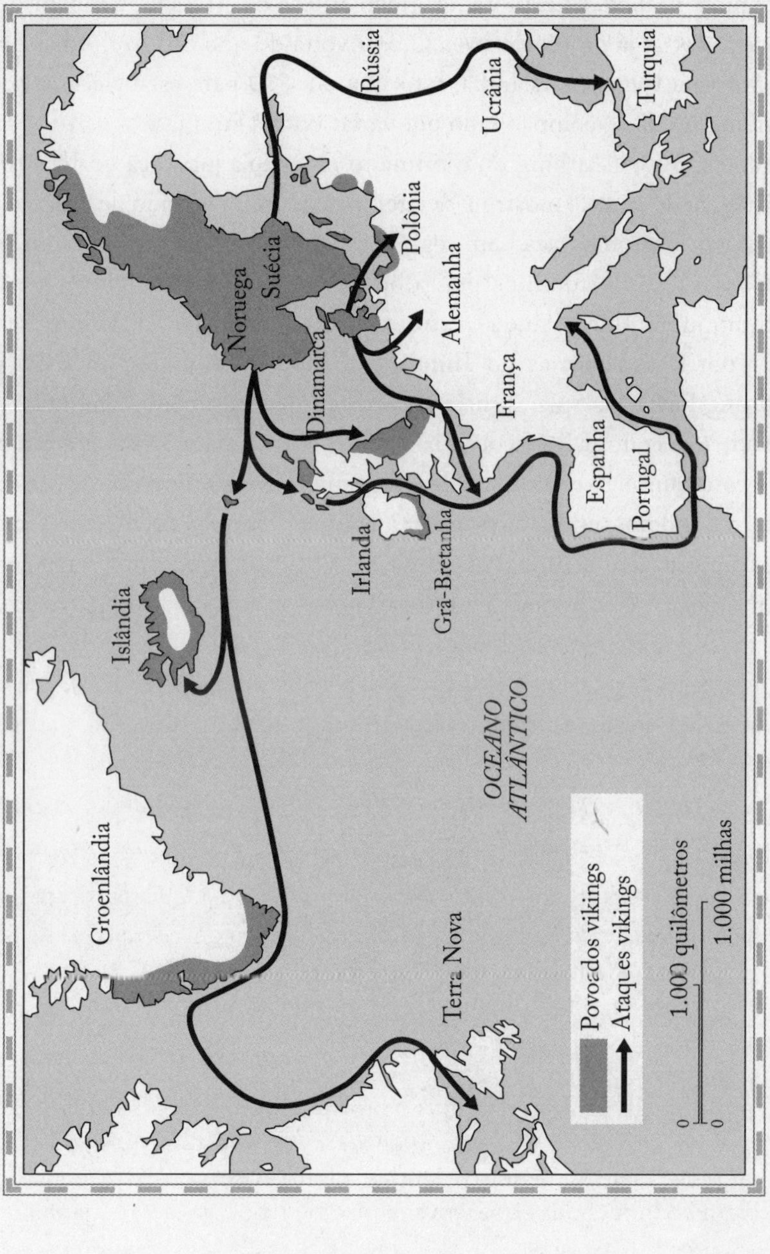

Expansão viking do século VIII ao X.

Islândia, que permaneceu desabitada até o fim do século IX – ainda que, antes disso, tenham sido registrados assentamentos de pequenas comunidades de monges irlandeses e eremitas na ilha. O explorador grego Píteas de Massília também pode ter desembarcado por lá já no século IV a.C. Por volta do ano 867, o nórdico Ingólfur Arnarson fez uma viagem à Islândia; retornou em 870 para estabelecer o primeiro povoado viking na ilha, acompanhado por várias outras famílias.

Fundado em 930, o Althing foi o primeiro *thing* cuja jurisdição cobriu todo um país. A existência do comitê mostrou-se vital para criar um sentido de união nacional e ajudar a evitar a fragmentação em regiões. Viabilizou a definição de um método comum de resolução de conflitos país afora, em que grupos de chefes de família atuavam como juízes (havia ainda quatro tribunais regionais). O Althing se reunia anualmente por duas semanas no Thingvellir, sempre em junho, uma das poucas épocas em que havia luz solar suficiente e o tempo era ameno o bastante para o comitê poder se encontrar. Tudo ocorria a céu aberto; a maioria das pessoas armava barracas ou construía algo como estandes na grama, pois as únicas edificações permanentes nas redondezas eram duas igrejas e uma fazenda. Além disso, mascates e comerciantes atuavam às margens do Öxará ("Rio do Machado"), que cortava o Thingvellir. Embora todo homem livre fosse considerado apto a comparecer, as decisões legislativas eram reservadas aos chefes locais (*godard*), que, de 965, foram limitados a 39. Eles formavam a maioria do conselho jurídico (*lögrétta*), que debatia e votava questões legais e fazia tratados com outras nações. Os participantes

Groenlândia e Vinlândia

Durante o século X, os vikings avançaram além da Islândia para colonizar o sul da Groenlândia. Por volta do ano 1000, suas embarcações aventuraram-se mais a oeste, desembarcando em uma região que batizaram de Vinlândia. Tornaram-se assim os primeiros europeus a pisarem no continente americano. Onde exatamente não se sabe, mas o provável é que tenha sido nas cercanias do Golfo de São Lourenço, no atual leste do Canadá. Tentativas subsequentes de fundar colônias vikings na Vinlândia foram abandonadas após entreveros com a população indígena.

sentavam-se em três círculos concêntricos; os chefes eram alojados no círculo do meio, para que seus conselheiros pudessem cercá-los. O sistema garantia que indivíduo algum fosse investido de poder executivo. A mais importante e prestigiosa das autoridades era o legífero (*lögsögumadr*), presidente eleito do conselho jurídico, que tinha um mandato de três anos. Era encarregado de orientar o conselho e anunciar as novas leis definidas por este. A cada ano, tinha que recitar de cor, em público, um terço das leis da Islândia, em cima de uma rocha chamada Lögberg ("Pedra da Lei").

Ao final do século X, o rei cristão da Noruega começou a mandar missionários à Islândia. Foram recebidos com hostilidade, o que levou o monarca norueguês a ameaçar cortar laços comerciais com o país. Quando o Althing se reuniu no ano 1000, seus membros debateram se deveriam conservar sua fé pagã tradicional ou se converter ao cristianismo. Como nenhuma das facções estava disposta a ceder, decidiu-se passar a questão para as mãos do legífero Thorgeir Ljosvetningagodi (*c.* 940-?). Embora ele fosse um sacerdote pagão, decidiu que a Islândia teria que aceitar o cristianismo para garantir seu futuro. A decisão foi acatada e a Islândia se tornou cristã. Durante o século XIII, o país degringolou para uma guerra civil entre chefes rivais. Numa tentativa de obter a paz, a Islândia concordou em tornar-se súdita da Noruega a partir de 1262. Sob os termos do tratado de união negociado no Althing, o povo islandês se tornaria súdito da Coroa norueguesa, passando a lhe pagar impostos. Em 1397, a Noruega se juntou à Suécia e à Dinamarca na União de Kalmar. A Suécia deixou a união em 1523, e a Islândia continuou a integrar a Dinamarca-Noruega. Em 1662, seu rei, Frederico III (1609-70), como parte de um esforço para se tornar monarca absoluto, declarou-se a única pessoa com poder para legislar sobre a Islândia. O Althing não foi abolido, mas sua influência diminuiu ao se ver transformado em uma corte de apelação a cujas reuniões só compareciam poucos fazendeiros locais. A partir dos anos 1690, o Conselho Jurídico passou a se reunir numa pequena cabana que servia de depósito de armas, e, na segunda metade do século XVIII, seria transferido para uma precária construção de madeira. A última sessão do Althing no Thingvellir ocorreu em 1798; o conselho foi abolido em 1800. Em 1814, a união entre Dinamarca e Noruega se desfez; a Dinamarca ficou com a posse da Islândia. Em 1844, o Althing renasceu em Reykjavik como um comitê consultivo que aconselhava a Coroa dinamarquesa. Após a Islândia obter soberania limitada em 1874, o Althing ganhou poder para legislar sobre assuntos domésticos. Em 1881, transferiu-se para sua casa atual, o Althingishusid

(Casa do Parlamento). A Islândia só viria a se tornar totalmente independente em 1918, o que causou o retorno do Althing à sua condição antiga de verdadeiro Parlamento nacional. A última reunião ocorrida no Thingvellir foi em 17 de junho de 1944, quando a Islândia se declarou uma república.

Grande Zimbábue

No ano 1000, os povos bantos haviam se estabelecido ao longo da África Subsaariana e criado diversos governos regionais. Um dos maiores e mais poderosos foi o reino do Zimbábue, cuja capital, conhecida como Grande Zimbábue, prosperou entre os séculos XI e XV.

Os bantos se originaram na África Ocidental por volta de 2000 a.C. e, ao longo dos três milênios seguintes, espalharam-se pelo continente, em direção ao sul do Saara. Nesse processo, desalojaram ou absorveram sociedades caçadoras-coletoras, introduzindo a agricultura e a serralheria. Ao migrarem através de área tão vasta, desenvolveram uma gama diversa de culturas e regimes políticos.

Um dos maiores grupos bantos era o xona, que se estabeleceu na África Meridional e fundou o reino do Zimbábue. De conquista em conquista, acabaram por controlar cerca de 2.500 km^2 de território. Zimbábue, palavra da língua xona, é a contração de *dzimba dza mabwe* ("casa de pedra") ou *dzimba woye* ("casas veneradas ou respeitadas"). A antiga capital do reino está localizada na região sudeste do atual Zimbábue, próxima à cidade de Masvingo. Conhecida como Grande Zimbábue, é a maior de cerca de 150 ruínas no mesmo estilo que existem na região. Foi construída em torno do ano 1000; a princípio, era bem modesta e de tamanho limitado, porém, no período entre 1300 e 1450, o poder e a prosperidade dos governantes alcançaram o auge, acarretando grande volume de novas construções que fizeram a cidade chegar a 800.000 m^2. A essa altura, a população da Grande Zimbábue e dos povoados ao seu redor pode ter atingido algo entre 10 mil e 20 mil habitantes.

A Grande Zimbábue se dividia em três áreas principais: o Complexo da Colina, o Grande Recinto e as Ruínas do Vale que se estendem entre eles. O Complexo da Colina, parte mais antiga do sítio, está localizado em uma encosta íngreme e provavelmente era o centro religioso da cidade. Contém seis pilares com pássaros no topo, ao que tudo indica usados em rituais, e era ainda o local de sepultamento dos governantes hereditários da Grande Zimbábue; pode ter sido, a princípio, sua residência. O Grande Recinto, erguido no século XIV, fica ao sul da Colina. É uma das maiores estruturas pré-coloniais que se mantêm de pé na África Subsaariana, com um muro externo de quase 250 metros de extensão, constituído em parte de enormes blocos de granito. Os muros não eram para defesa, visto que não cercavam o sítio, nem tinham fortes características militares. Por meio de seu tamanho gigantesco, serviam para expressar o poder da cidade. Uma das principais estruturas dessa área é a "Torre Cônica", com 10 metros de altura – pode ter se tratado de um silo simbólico, que exibisse aos súditos a generosidade do rei. Ainda no interior do Grande Recinto ficavam as residências do rei e de seus familiares próximos. Eles viviam em áreas muradas que continham duas cabanas de tijolos e um espaço de cozinha. Por fim, havia o Complexo do Vale, que aparenta ter surgido depois que a cidade cresceu. Era composto basicamente por residências e abrigava principalmente a extensa família real e autoridades. Além da vida residencial, a Grande Zimbábue também era local de manufatura. Há evidências tanto de cerâmicas como de fundição de metal.

A princípio, o esteio da riqueza e do poder do reino do Zimbábue era o gado. Bem a propósito, o local da Grande Zimbábue foi escolhido por se tratar de um platô interior onde o clima era temperado e a terra, excelente para cultivo e

O Reino do Congo

A maior potência banta foi o Reino do Congo, fundado em torno de 1390 e que veio a controlar grande parte da África Central ocidental. Em 1483, Portugal estabeleceu relações comerciais e diplomáticas com o Congo, trocando bens manufaturados por cobre, marfim e escravizados. Ao longo dos séculos XVII e XVIII, o poderio do Congo diminuiu devido a conflitos com Portugal e à guerra civil. Em 1857, o Congo tornou-se um feudo português; em 1914, a monarquia foi abolida e os territórios restantes tornaram-se parte do império colonial português.

pastagens. Porém, a região ao redor da cidade era rica em ouro, que se tornaria uma mercadoria vital para o comércio. Assim, já no século XIV, o Zimbábue negociava mercadorias, ouro e marfim em particular, com cidades costeiras na África Oriental. Isso trouxe à capital itens como contas de vidro, sal, búzios e fios de latão. Além disso, foram encontrados no local pedaços de cerâmica chinesa e persa, sugerindo que a cidade fazia parte de uma próspera rede de comércio de longa distância com a Ásia.

Apesar da riqueza, por volta de 1500 a Grande Zimbábue havia sido abandonada. Seus habitantes se mudaram para o sul, provavelmente porque os campos ao redor da cidade já não conseguiam suprir a demanda por alimento. O reino entrou em rápido declínio, perdendo influência e sendo suplantado por outras potências da região. Embora mercadores portugueses que chegaram à região no início do século XVI estivessem cientes da existência da Grande Zimbábue, foi somente no fim do século XIX que exploradores europeus começaram a visitar suas ruínas. Alguns teorizavam tratar-se do local das míticas minas do Rei Salomão, a capital habitada pela Rainha de Sabá, ou ter sido erguida por uma civilização estrangeira, como os gregos, os egípcios ou os fenícios. Nos anos 1890, o antigo território do reino do Zimbábue caiu sob o domínio colonial britânico, e a área foi batizada de Rodésia do Sul em homenagem ao empresário, político e imperialista britânico Cecil Rhodes (1853-1902). A independência foi declarada em 1965 com o nome de Rodésia, e a minoria branca governou o país até 1980. A nação foi rebatizada Zimbábue em homenagem ao reino xona, que se tornara símbolo importante para os nacionalistas negros que haviam lutado por um governo da maioria. O papel da Grande Zimbábue na identidade do país foi enorme; a cidade foi transformada em um monumento nacional, com status de Patrimônio da Humanidade conferido em 1986, e as estatuetas de pedra-sabão encontradas em suas ruínas foram incorporadas à bandeira nacional, ao brasão e às cédulas monetárias.

A UNIVERSIDADE DE TIMBUKTU

Timbuktu entrou para o imaginário do Ocidente como sinônimo de exotismo remoto, mas, na realidade, foi um próspero centro de ensino e comércio por séculos, o "porto" mais importante do grande mar desértico do Saara, no norte da África.

O maior deserto do mundo cobre cerca de 8 milhões de km^2; faz fronteira ao norte com a costa mediterrânea do continente e ao sul com a região semiárida do Sahel, depois da qual tem início a savana tropical. Como resultado do clima impiedoso do Saara, por grande parte da História humana houve pouco contato regular entre a África Ocidental e a Eurásia. Cruzar tal vastidão era perigoso, demorado, custoso e simplesmente não havia incentivo para fazê-lo com regularidade até o século IV, quando gente de fora ficou sabendo dos ricos depósitos de ouro da região e caravanas passaram a cruzar o deserto. O comércio era dominado pelos berberes, cujos camelos eram os únicos animais capazes de fazer a jornada que levava cerca de três meses. Além do ouro, os mercadores berberes compravam escravizados, couro e peles, marfim, penas de avestruz, noz-de-cola e goma. Contudo, a mercadoria mais crucial que transportavam era o sal, relativamente difícil de encontrar na África Ocidental, mas também importavam cavalos, búzios, objetos de metal, especiarias, perfumes, tecidos finos e frutas secas. O comércio foi viabilizado pela ascensão do Império de Gana, que instituiu paz e ordem na região. Nos séculos VII e VIII, árabes muçulmanos conquistaram o norte do continente, introduzindo sua língua e sua religião. Os berberes se converteram ao islã e o levaram para a África Ocidental, onde encontrou muitos novos adeptos, em particular em áreas urbanas.

Cerca de 1.100 tuaregues nômades, parte do grupo étnico berbere, fundaram um acampamento na extremidade sul do Saara. Chamaram-no Timbuktu, que significa "mãe com umbigo grande", em referência à senhora que supervisionava o acampamento. Ele ficava 10 km ao norte do Rio Níger, que corta a África Ocidental num grande crescente de 4.200 km de extensão. O rio era vital para Timbuktu, pois fornecia uma fonte garantida de água, bem como um método de transporte de mercadorias para fora e também para o restante do interior da África Ocidental. Um ponto crucial do acampamento era a relativa distância do Níger, que impedia alagamentos durante as enchentes do rio. Ao longo do século XII e do início do XIII, Timbuktu cresceu, transformando-se em importante centro mercantil. Desde sua

O Império de Gana

O Império de Gana, fundado em torno do ano 700, chegou a cobrir partes do que hoje são a Mauritânia, o Mali e o Senegal. O ouro foi a base de sua riqueza, atraindo comerciantes do norte da África, que viajavam cruzando o Saara. Ao longo do tempo, o império se fragmentou e, em 1240, o território que lhe restava já havia sido incorporado pelo Império do Mali. O legado do Império de Gana se manteve forte. Quando a Costa do Ouro Britânica (localizada centenas de quilômetros ao sul) obteve sua independência em 1957, rebatizou-se Gana.

fundação, havia sido exposta ao islã por meio do contato com os comerciantes do norte da África, e as narrativas a respeito da cidade se vangloriam de nunca ter sido "manchada pela adoração de ídolos".

O Império do Mali, cujos líderes se converteram ao islã em meados do século XI, foi, de início, um reino pequeno que viria a suplantar o Império de Gana como a potência mais importante da África Ocidental no início do século XIII. O mais bem-sucedido *mansa* (significa "sultão" ou "imperador") do Império do Mali foi Muça I (*c.* 1280-*c.* 1337), que ascendeu ao trono por volta de 1307. Muça estendeu seus domínios por meio de conquistas e obteve enorme fortuna controlando o comércio em seu território. Tornou-se figura célebre no mundo muçulmano com sua peregrinação a Meca em 1324-5, na qual 60 mil cortesãos e servos o acompanharam. Os régios gastos de Muça chegaram a tal ponto que sua visita fez o valor do ouro no Cairo cair em 20%. A caminho de casa, passou por Timbuktu, e a cidade foi acrescentada ao seu império. Contudo, manteve um alto grau de autonomia, sendo governada por um grupo de suas principais famílias, auxiliado por juízes, estudiosos e imãs locais. Tal situação política se manteve após a queda de Timbuktu, em 1468, perante o Império Songai, que viria a ofuscar o Mali como potência dominante na região. Na época, gerações de colonos de todos os cantos da África e também do Oriente Médio haviam convergido para a cidade. A população aumentou até chegar a cerca

de 100 mil no seu auge – na época, mais do que Londres. Por ser parte de potências imperiais como o Mali e Songai, Timbuktu obteve status e prestígio, além de paz e segurança, protetoras do comércio.

Nos séculos XIV e XV, ergueram-se as três grandes mesquitas em Timbuktu: Djinguereber (encomenda pessoal de Muça I), Sankoré e Sidi Yahia. Como as demais edificações da cidade, foram construídas basicamente com tijolos de barro, fabricados misturando-se fibras, água e terra. Era um material barato e de produção rápida, exigindo, porém, a reaplicação constante de gesso, feito do solo úmido, para preservar a aparência e a integridade do prédio. Artesãos e arquitetos vieram de todas as partes do mundo islâmico, incluindo o Iêmen e Granada, só para construir e decorar as mesquitas. Elas serviam como lugares de devoção e fundações beneficentes, mas a grande reputação era a de centros de ensino; juntas, formavam a "universidade" local. Graças às viagens empreendidas por estudiosos de lugares tão distantes quanto o Egito e Meca, Timbuktu foi exposta a ideias de todos os quadrantes do mundo islâmico, e suas enormes bibliotecas guardavam centenas de milhares de livros e manuscritos raros. Juntamente com as *madrassas* (escolas religiosas) baseadas nas três mesquitas, havia mais de 150 fundações educacionais menores. Além de estudar o islã, era possível receber instrução especializada em outros campos, como direito, filosofia, ciência e retórica. Timbuktu foi fundamental para o islã se espalhar pela África Subsaariana, tornando-o a religião dominante em muitas partes da região.

A partir do fim do século XV, potências europeias, Portugal à frente, passaram a fazer negócios diretamente com a África Ocidental via Atlântico; como resultado, as rotas transaarianas, mais lentas, tiveram sua importância diminuída, e Timbuktu viu decaírem seu tamanho e sua riqueza. Em 1591, foi ocupada pelas forças do sultão do Marrocos; sob seu domínio, vários estudiosos foram presos por suspeita de deslealdade, e a cidade era regularmente saqueada por tribos agressoras, em particular tuaregues. O controle marroquino acabou em 1620, e Timbuktu voltou a ser autogovernada. A "universidade" continuou a funcionar, mas a cidade já não passava de uma sombra do que um dia havia sido. Em 1894, foi anexada pela França e permaneceu como parte do império colonial francês até 1960, quando passou a integrar a República Independente do Mali. Timbuktu e suas bibliotecas foram declaradas Patrimônio da Humanidade pela UNESCO em 1988; foram feitos grandes esforços para preservar suas mesquitas, que haviam se deteriorado. Para piorar, a cidade sofreu os efeitos da guerra civil entre o governo do Mali e rebeldes tuaregues e islâmicos. Quando militantes islâmicos obtiveram seu controle entre 2012 e 2013, destruíram ou danificaram muitos monumentos históricos, túmulos (consta que há 333 santos muçulmanos enterrados por lá) e artefatos, acreditando se tratarem de idolatria. Os esforços para devolver a Timbuktu a antiga glória e preservar seus depósitos de manuscritos preciosos continuam, mas com dificuldades em face da pobreza e da desordem interna.

5

A Era Medieval Tardia

Samarcanda

Desde o século II a.C., Europa e Ásia foram ligadas pela Rota da Seda, uma rede de rotas comerciais que conectou os dois continentes até meados do século XV. Uma das paradas mais importantes dessa rota era Samarcanda, que se tornou uma das mais imponentes cidades da Ásia Central.

A história de Samarcanda remete ao longínquo século VII a.C., quando fazia parte da Soguediana, região iraniana onde habitavam os soguedianos, civilização ancestral da Ásia Central. Foi conquistada em meados do século VI a.C. pelo Império Aquemênida; imagens na Apadana, em Parsa, retratam os soguedianos pagando tributos aos persas. Tendo reconquistado a independência no ano 400 a.C., a região logo voltaria a ser conquistada por Alexandre, o Grande, em 329 a.C. Atraída para o mundo helênico, tornou-se um entreposto da Rota da Seda, pois de lá era possível tomar o rumo oeste, até o Oriente Médio, ou sul, até a Índia. Mercadores soguedianos ajudaram a ligar a China à Índia e a forjar rotas para o Império Bizantino. Negociavam uma ampla gama de mercadorias, incluindo ouro, prata, açafrão, pimenta, cânfora, linho e, acima de tudo, seda. Os soguedianos ajudaram a levar o budismo do norte da Índia para o leste da Ásia, e a religião era praticada em Samarcanda (bem como o zoroastrismo, o hinduísmo, o judaísmo, o maniqueísmo e o cristianismo). Os pomares de Samarcanda tornaram-se célebres, e seus pêssegos, por exemplo, eram muito valorizados em lugares tão distantes quanto a China, que os cobiçava pelo tamanho avantajado e pela cor dourada.

Do século III ao VII, Samarcanda passou pelas mãos de vários conquistadores, incluindo os heftalitas nômades, os goturcos e os sassânidas persas, além de ter sido um protetorado da dinastia chinesa Tang. No início do século VIII, foi conquistada pelo Califado Omíada, o que integrou a cidade a uma extensa rede cultural e econômica que chegava até a costa atlântica do norte da África. A maior parte da população se tornaria muçulmana, e a cidade viraria um grande centro de ensino do islamismo. Durante a maior parte dos séculos IX e X, Samarcanda integrou o Império Samânida, uma dinastia iraniana muçulmana, passando depois para o domínio de uma sucessão de povos turcos distintos.

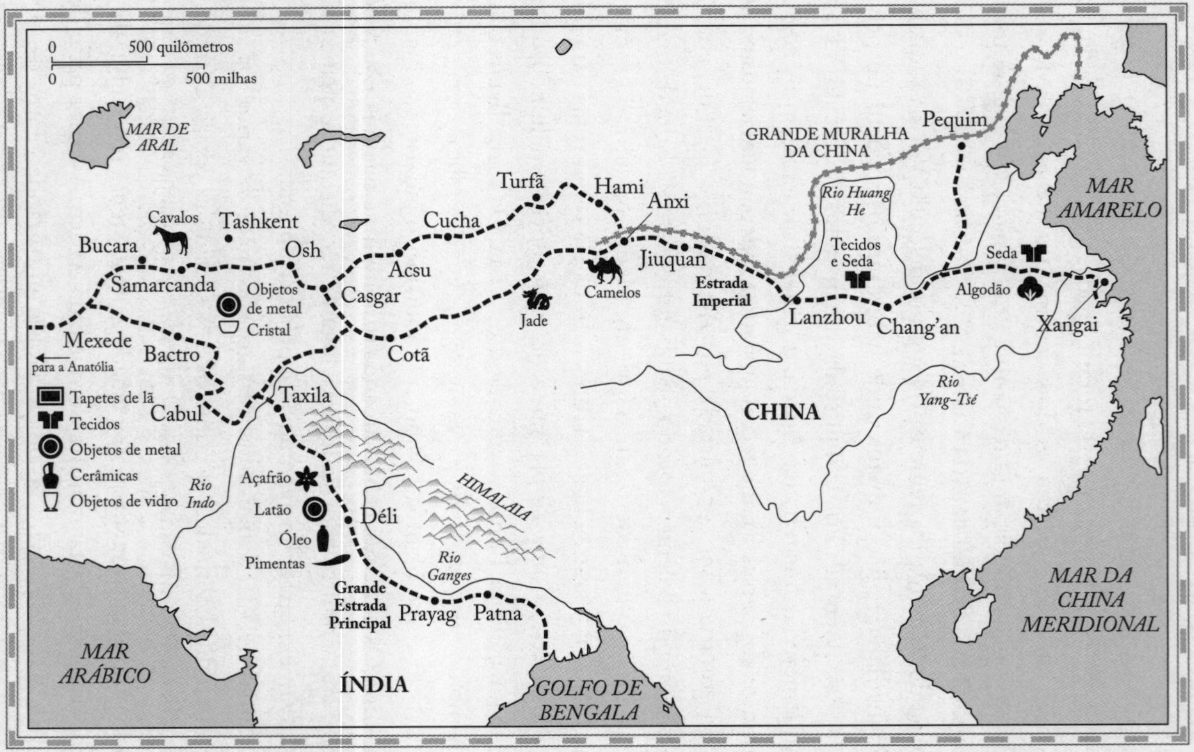

Os principais percursos da Rota da Seda e as mercadorias que eram negociadas, séculos XIII a XIV.

No início do século XIII, uma nova força chegou à cidade: os mongóis. Eram um povo nômade que vinha da Estepe Euroasiática, o cinturão de pradarias que se estende por 8.000 km, do leste da Europa à Manchúria.

Os mongóis eram exímios cavaleiros e célebres pelo uso do arco de polias (arco composto mongol), com o qual disparavam projéteis de cima da montaria com uma precisão mortal. Durante grande parte de sua história, não constituíram um só grupo, e sim um grupo de tribos distintas em guerra. Em 1190, Temujin (1162-1227), filho de um célebre guerreiro, deu início a um processo de unificação, lançando mão de um misto de força e diplomacia, no que culminou em sua nomeação por uma assembleia de comandantes, como o "Gengis Khan" (líder universal), em 1206.

Embora Gengis Khan e os mongóis fossem célebres pelas "hordas" de cavalaria, recrutavam engenheiros militares e também espiões para obter dados de inteligência. A providência se justificava, afinal, sitiar cidades por longos períodos significava o risco de exaurir as pastagens locais, o que criaria problemas de abastecimento. Após atacar a China e conquistar territórios vizinhos, em 1219 Gengis Khan estabeleceu como objetivo a Ásia Central muçulmana. No ano seguinte, chegou a Samarcanda, dizimando a maior parte da guarnição local. A cidade se rendeu e ainda assim foi saqueada e pilhada. Esse tipo de tratamento era comum; os mongóis eram cruéis com cidades que resistiam a eles para "encorajar" outras a se renderem pacificamente.

Caffa e a Peste Negra

A Rota da Seda funcionou como um canal para a *Yersinia pestis*, a bactéria que causou a Peste Negra. A pandemia se originou em algum lugar da Ásia e pode ter sido introduzida na Europa em Caffa (hoje Teodósia), porto comercial na Crimeia. Um relato contemporâneo sugere que os mongóis cercaram a cidade em 1346 e catapultaram cadáveres infectados por sobre os muros da cidade, contaminando as forças de defesa. Alguns dos que fugiram de Caffa levaram a peste para a Itália, de onde se espalhou pelo norte da África e pela Europa. A epidemia durou até 1351, matando mais de 100 milhões de pessoas ao redor do mundo.

Ao morrer em 1227, Gengis Khan foi sucedido pelo filho, Ogedai (1186-1241), que expandiu o Império Mongol para o leste da Ásia, tornando a Coreia um Estado vassalo e atacando a China antes de se voltar para oeste, levando sua campanha militar à Pérsia e ao Cáucaso. Seu poderio resultava em um único governante para toda a Rota da Seda, o que facilitou o comércio. Em 1236, os mongóis invadiram a Europa, avançando pela Polônia e Hungria, até a morte de Ogedai interromper seu progresso. Foram sete anos de guerra civil até emergir um novo e forte khan, Möngke (1209-59), mas a unidade do Império Mongol começou a se fragmentar. A oeste, ele se dividiu para formar a Horda de Ouro, que estabeleceu soberania sobre os principados russos e forçou-os a pagar tributos, dominando-os até os Príncipes de Moscou liderarem uma resistência que daria fim ao "Jugo Mongol" nos anos 1480. No Oriente Médio, os mongóis, convertidos ao islã, fundaram um regime chamado Ilcanato, que se desintegraria em meados do século XIV. Finalmente, Kublai Khan (1215-94), neto de Gengis Khan, conquistou grande parte da China e se estabeleceu como primeiro imperador da Dinastia Yuan, que duraria até 1368.

Samarcanda tornou-se parte do quarto Estado sucessor dos mongóis, o Canato de Chagatai. Logo após o saque inicial, os mongóis investiram pesado na cidade, no intuito de maximizar seu valor, estimulando artesãos hábeis a migrarem para lá. Deram especial atenção aos pomares negligenciados e aos campos que circundavam a cidade, trazendo trabalhadores para cuidar de ambos. Porém, quando a autoridade mongol desmoronou no século XIV, restou um vácuo de poder que outros povos/imperadores das estepes ocuparam. Um dos mais temidos era Timur, ou Tamerlão (1336-1405), muçulmano turco-mongol nascido onde hoje fica o Uzbequistão. Nos anos 1360 e 1370, ele conquistou uma grande parte da Ásia Central e da Pérsia. Depois de conquistar Samarcanda, tornou-a a capital de seu Império Timúrida. Trouxe artesãos e operários de lugares tão distantes quanto Damasco para embelezar suas residências na cidade. Em sua corte havia árvores de ouro decorativas da espessura da perna de um homem, com pedras preciosas e pérolas como "frutos", além de "folhas" também feitas de ouro. Ele construiu uma rua principal ladeada por lojas, além de inúmeras mesquitas. Em 1398, Timur invadiu a Índia, destruindo e saqueando Déli; em 1400, tomou o rumo oeste, invadindo o Oriente Médio e a Anatólia. Sua meta seguinte era conquistar a China, mas a febre o matou antes de poder concretizar seu plano. Samarcanda continuou a integrar o Império Timúrida, e um grande observatório foi construído lá nos anos 1420 (porém, lamentavelmente destruído por fanáticos religiosos em 1449). Em última análise, o Império Timúrida foi um regime vagamente organizado em torno da arrecadação de tributos, mas assolado por conflitos sucessórios e que desapareceu no início do século XVI. Samarcanda entrou em declínio e, no início do século XVIII, havia sido praticamente abandonada. Contudo, seria parcialmente revivida como cidade de guarnição e centro administrativo do Império Russo, que se expandia para a Ásia Central, em meados do século XI. Em 1888, tornou-se uma parada da recém-construída Ferrovia Transcaspiana; voltou, portanto, a ser um importante entreposto comercial. Em 1924, Samarcanda e o restante do Uzbequistão se tornariam formalmente parte da União Soviética, da qual obtiveram a independência em 1991.

O Santuário de Itsukushima

O Santuário de Itsukushima, xintoísta, é uma das atrações mais estimadas e reverenciadas do Japão (Patrimônio da Humanidade pela UNESCO em 1996). Símbolo duradouro da expressividade da arquitetura do país, suas construções de cor vermelha parecem flutuar sobre a água.

O Mar Interior de Seto é um corpo d'água que separa Honshu, Kyushu e Shikoku, três das cinco principais ilhas do Japão. Ao largo de sua costa norte, próxima à cidade de Hiroshima, fica uma pequena ilha de cerca de 31 km². Chama-se Itsukushima e tornou-se conhecida como Miyajima, que significa "Ilha do Santuário", devido aos muitos templos ali localizados.

O xintoísmo, que significa "caminho dos deuses", é a principal religião do Japão. Seu aspecto mais importante é a adoração dos espíritos (*kami*), que estão presentes na natureza, e também incluem ancestrais venerados. São reconhecidos em enormes santuários públicos, que os celebram e buscam sua proteção. A Ilha de Itsukushima é dominada pelo Monte Misen. Parcialmente coberto por florestas primitivas, trata-se de uma montanha sagrada, célebre pelas ocorrências milagrosas que teriam sido testemunhadas. Por esse motivo foi uma escolha natural para sediar um templo, construído ali em 593 e reconstruído no formato atual quase seis séculos depois, sob o mecenato do *daimyo* (senhor feudal) Taira no Kiyomori (1118-81), que ascenderia à condição de líder do Japão no sentido prático, tornando-se ainda mais poderoso do que o imperador.

Os imperadores do Japão haviam reinado desde o século VII a.C., proclamando-se descendentes dos mais poderosos *kami*; intitulavam-se *Tenno* ("soberano celestial") com este propósito. Tal status não os impedia de se verem frequentemente reduzidos a marionetes. A partir do século X, famílias nobres começaram a fortalecer suas posições contratando guerreiros pagos, chamados samurais, e lutando para dominar o imperador e controlar o país. Isso causou uma guinada no Japão; da nobreza estabelecida na corte de Kyoto (capital do país de 794 a 1869), o poder se transferiu para os clãs das províncias, que o exerciam tendo por base suas mansões e exércitos pessoais.

Kiyomori era parte de um desses clãs, o Taira. Determinado e implacável, atingiu a fama derrotando bandidos e foi instituído governador de Aki, distrito que incluía Itsukushima. Quando assumiu o posto em 1146, um sacerdote apareceu para ele em sonho e lhe disse para construir um santuário em Itsukushima a fim de garantir sucesso e prosperidade. O local foi concebido como a representação de um paraíso, e seu estilo elegante espelha o das residências da nobreza. Os prédios do santuário são conectados por passarelas de quatro metros de largura, que se estendem por quase 300 metros de comprimento. Seu elemento mais reconhecível é o portão *O-Torii* (o atual data de 1875), erguido sobre lajes de pedra, que fazem com que pareça surgir das águas. O eixo em que o portão é situado atravessa o aposento da purificação,

um salão de culto, o ofertório e o santuário principal, seguindo até o Monte Misen; quando se adentrava o santuário, era costume passar de barco pelo portão. Kiyomori era um grande colecionador de arte religiosa e escritos sagrados e fazia várias doações a institutos religiosos. Em Itsukushima, doou o *Heike nokyo*, uma coleção de 32 rolos de pinturas em que ele e outros membros da família haviam copiado *sutras*.* Cada rolo era suntuosamente decorado com ouro e ricamente ilustrado. Kiyomori fez uma série de peregrinações a Itsukushima para agradecer pelo seu sucesso. Suas visitas tinham benefícios práticos, pois permitiam que monitorasse seus interesses comerciais no Mar Interior e lucrasse fazendo negócios com a China. Com a intenção de encorajar o comércio, construiu novos portos e reformou os já existentes – acabaria por desenvolver tremendamente o comércio marítimo no oeste do Japão.

A construção do Santuário de Itsukushima coincidiu com a ascensão de Kiyomori ao poder. Em 1153, ele se tornou líder do clã Taira; em 1160, derrotou uma família rival, os Minamoto, o que fez dos Taira a força dominante no Japão. Em 1167, Kiyomori foi nomeado ministro-chefe, cargo mais alto da nação. Como sintoma do alto status de que o clã passara a gozar, a filha de Kiyomori se casou com o Imperador Takakura (1161-81) em 1171. Seu filho, Antoku, nasceu em 1178. Pelos dois anos seguintes, Kiyomori encheu o governo imperial de rivais e então aprisionou Takakura, forçando-o a abdicar do trono e repassá-lo para Antoku (1178-85) em 1180. Muitos consideraram isto inaceitável e se regozijaram quando Kiyomori morreu de febre no ano seguinte. Àquela altura, o país estava mergulhado numa guerra entre as famílias Taira e Minamoto. Estes últimos viriam a prevalecer em 1185. Consta que, quando a derrota se anunciou como certa, a avó de Antoku teria afogado o pequeno imperador para evitar que caísse em mãos inimigas. O trono ficou com outro dos filhos de Takakura, mas o verdadeiro detentor do poder no Japão passou a ser o líder da família Minamoto, Yoritomo (1147-99). Em 1192, Yoritomo recebeu o título de "xógum", originalmente conferido a generais triunfantes, mas que passou a significar a pessoa que governava em nome do imperador. O poder no Japão continuaria nas mãos dos xóguns até 1868, quando o poder do imperador foi restituído.

Mesmo com os Taira apeados do poder, Itsukushima continuou a ser importante. Vários nobres (e plebeus, em especial pescadores, marinheiros e comerciantes)

* Textos organizados em uma sequência de pequenos versos (*sutra* significa "corda" ou "fio"), geralmente de inspiração religiosa, mas não só. (N. T.)

O Porto de Uraga

Em 1543, comerciantes portugueses tornaram-se os primeiros europeus a fazer contato com o Japão. O comércio do país com o Ocidente continuou até os anos 1630, quando o xogunato instituiu uma diretriz, o Sakoku, que restringia severamente influências estrangeiras. Isso mudou em 1853, quando o Comodoro Matthew Perry (1794-1858), da Marinha americana, comandou uma frota de quatro navios de guerra a vapor rumo ao porto de Uraga, na entrada da Baía de Tóquio. Tratava-se da clássica diplomacia dos canhoneiros; o governo japonês foi forçado a encerrar o isolamento da nação e se abrir para o Ocidente.

exerciam sua fé no local e o apadrinhavam via doação de tesouros ou financiamento de novos prédios. A ilha em si passou a ser considerada sagrada e não se permitiam nascimentos ou mortes no local (pedia-se às mulheres grávidas que fossem para o território principal da nação próximo à data prevista para o parto). Em 1571, o senhor da guerra Mori Motonari (1497-1571) reconstruiu todo o santuário principal de Itsukushima, que passou a ser um dos maiores do Japão. Ele o fez como um ato de penitência – em 1555, quando o país se via assolado pela guerra civil, combatera na ilha, maculando seu solo sagrado.

O Japão começou a se modernizar rapidamente no fim do século XIX e início do XX, após a abertura forçada para o Ocidente em 1853. Tornou-se uma potência colonial, cujo império incluía a Coreia, Taiwan e partes da Manchúria. Seu território continuou a crescer nos anos 1930 e depois da entrada na II Guerra Mundial como parte do Eixo, em 1941, avançando para a China, o Sudeste Asiático e o Pacífico. Em agosto de 1945, o Japão finalmente foi derrotado após bombas atômicas serem lançadas sobre Hiroshima e Nagasaki. Como parte da rendição, o Imperador Hirohito (1901-89) renunciou à pretensão imperial à divindade. Felizmente, Itsukushima passou incólume pela guerra e foi meticulosamente preservada. Em 2004, o santuário sofreu danos devido a um tufão, mas desde então já foi reparado e restaurado.

Tenochtitlán

Durante o século XV, o Império Asteca controlou grande parte do México a partir de sua capital, Tenochtitlán. Em 1521, tanto o império como a cidade seriam destruídos com a chegada de uma nova potência europeia, a Espanha.

O Vale do México é um planalto rodeado por montanhas vulcânicas, dotado de solo fértil e lagos salgados. Um grupo populacional chamado mexica migrou do norte para lá em torno do ano 1250, estabelecendo-se de início em Chapultepec, colina árida próxima a um pântano. Devido a escaramuças com um rei local, os mexicas foram forçados a sair e vagar em busca de um novo território. Segundo uma profecia lendária, saberiam ter chegado ao local certo quando avistassem uma águia no topo de um cacto, comendo uma serpente. Por volta de 1325, o sinal surgiu numa ilha no meio do Lago Texcoco, levando-os a ali fundarem Tenochtitlán ("lugar do fruto de cacto").

O local era promissor, pois suas características de pântano salgado garantiam uma provisão de plantas e animais selvagens. Era ideal para um tipo de agricultura chamado *chinampa*: campos aterrados por meio da fixação de estacas no leito do lago e despejo de terra por cima. A população cresceu rápido e, a partir de 1367, tornou-se súdita dos tepanecas, povo de um reino que dominava a região. Em 1372, Tenochtitlán nomeou seu primeiro rei (*tlatoani*), um nobre chamado Acamapichtli (morto em 1391), que transmitiria o trono para o filho, Huitzilihuitl (morto em 1415).

Por volta de 1427, Itzcoatl (morto em 1440), meio-irmão de Huitzilihuitl, tornou-se rei. No ano seguinte, entrou em uma tríplice aliança com duas outras cidades-Estado, Texcoco e Tlacopan. Juntos, combateram e derrotaram os tepanecas, conquistando então grande parte do Vale do México e algumas áreas adjacentes. Tenochtitlán e os mexicas foram a força dominante do regime que se tornaria conhecido como Império Asteca. Os mexicas não se denominavam astecas, que significa "gente de Aztlan" (o mítico local de origem que compartilhavam com vários outros grupos da região), mas é como ficariam amplamente conhecidos a partir do início do século XIX.

Vertida em capital imperial, Tenochtitlán tornou-se ainda mais grandiosa, passando por uma transformação arquitetônica que se estenderia até o fim do século XV. Seguindo o modelo de Teotihuacán (ver página seguinte), teve ruas projetadas em planta ortogonal, ainda que com longos canais cortando a cidade. Era conectada à porção continental por três grandes pontes sobre aterros, divididas em intervalos que permitissem a uma canoa passar no meio e que podiam ser removidas caso a cidade fosse atacada. A ponte ocidental era ocupada por um aqueduto de alvenaria que abastecia a cidade com água potável das nascentes, e um dique foi construído para proteger Tenochtitlán da água mais salgada, a leste do lago. Em 1473, os governantes anexaram a cidade vizinha de Tlatelolco (fundada por outro grupo de mexicas), que ficava mais ao norte na mesma ilha. Acabou incorporada a Tenochtitlán e era conhecida pelo seu mercado, onde até 60 mil pessoas se reuniam para comprar e vender produtos, como penas, tabaco e escravizados. As moedas de troca incluíam sementes de cacau, mantos de algodão e bicos de pena cheios de pó de ouro; transações e preços eram monitorados por inspetores, e ladrões eram punidos com a morte por espancamento. Ao centro de Tenochtitlán, em uma área elevada, havia um distrito sagrado cercado por uma estrutura chamada "Muro da Serpente". Era o coração espiritual do Império Asteca, e a partir dele projetavam-se as grandes avenidas, nos quatro pontos cardeais. Dentro havia, pelo menos, 78 edifícios, o maior dos quais era o *Templo Mayor* (ou *Huey Teocalli*, em asteca), uma grande pirâmide dedicada a Tlaloc, divindade suprema da chuva e da agricultura, e a Huitzilopochtli, deus da guerra e patrono da cidade; sua escadaria dupla tinha manchas vermelhas do sangue de sacrifícios humanos. Abaixo dela, uma estrutura de estacas denominada *tzompantli* continha milhares de cabeças decepadas.

Teotihuacán

Teotihuacán ficava 48 km a nordeste de Tenochtitlán. Seu apogeu foi entre os anos 100 a.C. e 600, chegando a ter mais de 100 mil habitantes e inúmeros monumentos impressionantes. Não se tem certeza da identidade exata de quem a construiu, e também é incerto o porquê de ter sido abandonada e virado ruína a partir do século VII a.C. Até seu nome original é desconhecido: Teotihuacán (ou "berço dos deuses") foi um nome dado pelos astecas, para quem era um importante local de peregrinação.

No início do século XVI, Tenochtitlán tinha uma população de cerca de 200 mil, o que a tornava uma das maiores cidades do mundo na época. O poder que detinha foi destruído pelas mãos do conquistador espanhol Hernán Cortés (1485-1547). Em 1518, o governador de Cuba lhe dera permissão para liderar uma expedição ao México. Cortés partiu em fevereiro de 1519, mesmo após o governador ter retirado seu apoio à missão na última hora. Cortés não tinha mais que 500 homens, porém, contavam com a pólvora, armas de fogo, armaduras de aço e cavalaria. Os astecas desconheciam tudo isso.

Depois de desembarcar no México, Cortés marchou sobre Tenochtitlán, tendo vencido inúmeras batalhas no caminho, e adentrou a cidade em 8 de novembro. Montezuma II (*c.* 1466-1520), o tlatoani (rei ou imperador), de início, recebeu bem os espanhóis. Enchendo-os de presentes, tinha a expectativa de, em um momento oportuno, derrotá-los. No entanto, logo se veria na condição de refém de Cortés, que apenas queria fazer dele uma marionete. No mês de abril, o conquistador deixou Tenochtitlán para enfrentar uma expedição que Cuba enviara no intuito de controlá-lo. Ficaram na cidade um tenente e oitenta homens. Em 22 de maio, os espanhóis massacraram centenas de nobres astecas que celebravam um festival religioso, desencadeando uma revolta local. Os espanhóis se viram sitiados por quase um mês, escapando em meio a uma tempestade tropical à meia-noite de 30 de junho (em torno dessa data, Montezuma II foi assassinado, possivelmente pelos próprios súditos). Mas deixaram para trás a varíola, uma doença à qual a população não tinha imunidade natural. Uma epidemia arrasou a cidade, matando o novo imperador, Cuitláhuac (*c.* 1476-1520), que reinou por apenas oitenta dias. Em maio de 1521, Cortés voltou com reforços espanhóis e uma coalizão de aliados locais ansiosos para vencer os astecas. Sitiou a cidade, cortando o abastecimento de água e comida, e avançando aos poucos. A ofensiva final ocorreu em 13 de agosto; o atual imperador, Cuauhtémoc (*c.* 1495-*c.* 1525) foi feito prisioneiro, e os vitoriosos passaram quatro dias saqueando a cidade e massacrando o povo. Era o fim do Império Asteca; Tenochtitlán fora reduzida a pó. Cortés tornou-se o primeiro vice-rei da Nova Espanha, território colonial que controlaria o que hoje é o México (além de terras a norte e ao sul) até 1821. Ainda que estivesse em ruínas, Tenochtitlán foi escolhida como local para sua capital, que hoje é a Cidade do México.

O Huis ter Beurze

Algumas das raízes mais antigas do capitalismo ocidental remetem à era medieval. Um dos grandes centros comerciais do período era Bruges (ou Brugge), que abria os braços aos mercadores de toda a Europa. Muitos se concentravam no Huis ter Beurze, um hotel/hospedaria onde se conheciam e faziam negócios.

A cidade flamenga de Bruges, que recebeu sua carta de povoamento em 1128, se encontrava numa encruzilhada da economia medieval, mantendo laços comerciais com o Báltico, o Mediterrâneo e o Mar do Norte. O esteio da economia da região era a manufatura de tecidos: Bruges negociava produtos têxteis originários de cidades como Ypres, Ghent e Douai. Podia funcionar como entreposto comercial porque era dotada de um escoadouro de marés que lhe dava acesso direto ao Mar do Norte, possibilitando a entrada de carregamentos de lã vindos da Inglaterra.

Várias hospedarias abriram para atender aos mercadores que viajavam a Bruges. Ofereciam comida, bebida e alojamento, mas também eram fóruns para troca de notícias sobre preços, taxas de câmbio e as mais recentes ocorrências políticas. Tinham também conexões com cambistas e começaram a aceitar depósitos dos frequentadores, além de lhes oferecer crédito. Assim, tais hospedarias de Bruges tornaram-se intermediárias cruciais ao comércio numa época em que não existiam mecanismos bancários formais. Como tal, elas substituíram as feiras comerciais temporárias que até então haviam sido os principais fóruns de encontro de mercadores.

A Liga Hanseática também se deixou atrair por Bruges, que se tornou o principal terminal de sua rota comercial leste-oeste, cujo alcance ia até Novogárdia, no noroeste da Rússia. A Liga abriu um *kontor* (posto comercial) na cidade, fazendo dela seu mercado central para circulação de mercadorias nos Países Baixos. A partir do fim do século XIII, mercadores italianos, genoveses à frente, começaram a chegar a Bruges. Estabeleceram-se em especial na Beursplein, uma praça no final da Vlamingstraat, rua no coração da cidade. Seu nome se deve à família Van der Beurze (literalmente, "da bolsa"). Eram corretores e estalajadeiros que haviam ganhado notoriedade em meados do século XIII, estabelecendo um complexo de casas na praça que levava o nome da família. Sua hospedaria, conhecida como Huis ter Beurze e que tinha como símbolo três bolsas esculpidas em pedra, virou um ponto de encontro importante para mercadores italianos.

A família Van der Beurze deixou Bruges ao final do século XIV, migrando para a Antuérpia, cidade muito mais bem posicionada para o comércio com a Alemanha e ainda assim dotada de acesso ao Mar do Norte através do Rio Scheldt. Sua casa foi vendida aos venezianos, que a utilizaram como sede de sua colônia comercial em Bruges até 1505, quando voltou a funcionar como hospedaria. A saída dos Van der

A Liga Hanseática

A partir de meados do século XIII, mais de 200 cidades de médio e grande porte do norte da Alemanha uniram forças para controlar e regular o comércio ao longo do Mar Báltico. Formaram uma aliança, chamada Liga Hanseática (o nome se deve a Hanse, "associação" em alemão), que viria a monopolizar a atividade na região. O principal entreposto era Lübeck, onde foi formulado o código que governava a Liga. A competição de países, como Polônia, Rússia e Suécia, levou a Liga ao declínio a partir do fim do século XV. O último encontro foi em 1669.

Beurze foi sintomática do declínio de Bruges ao longo do século XV, quando muitos mercadores foram embora da cidade. Já não era mais um local atraente, pois a enseada que a ligava ao Mar do Norte ficara obstruída, privando-a de acesso direto à costa. Até mesmo a Liga Hanseática, que tanto apoiara Bruges em seu auge, abandonou a cidade para todos os efeitos, retirando-lhe o status de mercado principal da Liga no noroeste da Europa em 1477.

Com o declínio de Bruges, a Antuérpia assumiu o posto de mais importante centro econômico do noroeste da Europa. Ali, o legado mercantil de Bruges teria sequência. Em 1531, quando a Antuérpia ergueu galerias em suas praças públicas para oferecer abrigo a mercadores, elas ficaram conhecidas pelo nome "bourze" ("bolsa"), em referência à hospedaria em Bruges. Além de mercadorias, havia compra e venda de títulos de crédito nesses locais. Posteriormente se tornaria comum que centros de comércio organizado ou mercados Europa afora ficassem conhecidos como "bolsas". Como Bruges, a Antuérpia também não tardaria a perder seu status, mas por uma razão diferente. Em meados do século XVI, grande parte dos Países Baixos estava sob controle dos Habsburgo espanhóis, que viviam em conflito com a população local devido às tentativas de impor uma autoridade centralizada na região. Além disso, o protestantismo ganhara inúmeros adeptos nos Países Baixos, estremecendo ainda mais as relações com os Habsburgo, católicos fervorosos. Em 1568 explodiu uma rebelião contra a família real. A Antuérpia, que de maneira geral apoiara a revolta, se viu envolvida nos combates; em 1576, foi saqueada pelos espanhóis e permanentemente capturada por eles em 1585. Milhares de protestantes fugiram da cidade, e os rebeldes holandeses bloquearam o Scheldt, cortando seu acesso ao Mar do Norte. Apesar disso, a Antuérpia manteve alguma importância econômica, mas logo se viu ofuscada por Amsterdã. A cidade holandesa recebeu de braços abertos muitos cidadãos que haviam deixado a Antuérpia, bem como judeus que haviam sido expulsos de Portugal. Tornou-se o centro do império marítimo estabelecido pela República Holandesa e um dos mais dinâmicos entrepostos comerciais do mundo.

Após sua era de ouro medieval, Bruges perdeu importância econômica. A parte antiga da cidade foi preservada como um monumento às glórias passadas. Em 1907, o porto de Zeebrugge, ligado a Bruges por um canal, foi aberto e ajudou a mudar de certa forma a sorte da cidade, além de encorajar o turismo. Bruges foi ocupada por forças alemãs nas duas guerras mundiais, mas felizmente poupada da destruição.

No ano 2000, seu centro histórico, que inclui o Huis ter Beurze, foi transformado em Patrimônio da Humanidade pela UNESCO.

Veneza

No Mediterrâneo medieval, a grande potência mercantil era a República de Veneza. Ela estabeleceu rotas de comércio que se estendiam até a Índia e a China, em proximidade com a Rota da Seda. Os venezianos também obtiveram posses noutras partes da Itália e na costa leste do Adriático, além de controlarem algumas ilhas gregas e o Chipre. Perderam a maior parte de suas possessões ultramarinas no século XVI. Em 1797, a república se dissolveu, sendo dividida entre França e Áustria.

O Gyeongbokgung

A Dinastia Yi governou a Coreia por mais de cinco séculos, estabelecendo uma estrutura administrativa sofisticada enquanto incentivava o aprendizado e o comércio; fundaram ainda uma nova capital em Seul, local onde havia sido instalado o seu principal palácio real, o Gyeongbokgung.

O Reino Goryeo dominara a Península da Coreia desde sua fundação, em 918, mas, no final do século XIV, sua posição fora enfraquecida por guerras e pelas incursões mongóis. Com o país mergulhado no caos, em 1392, o General Yi Seong-gye (1335-1408) tomou o poder. Assumindo o nome real Taejo, ele fundou uma nova dinastia e rebatizou o reino de Joseon. Justificou seus atos alegando que a dinastia anterior havia sido imoral e, portanto, perdera o encargo dos Céus, que ele então reivindicava.

Taejo e seus filhos promoveram reformas cujo impacto na cultura e na sociedade coreana seria duradouro. Defendiam o neoconfucionismo, uma escola de pensamento erigida sobre a égide da harmonia social e da ordem que Confúcio havia encorajado, porém mais focada no racionalismo e no secularismo. Taejo, assim, confiscou os títulos de propriedade dos templos budistas e os redistribuiu entre seus apoiadores.

Em 1394, Taejo mudou sua capital para Hanyang, que também ficou conhecida como Seul, ou "capital" em coreano (o nome só seria mudado oficialmente em 1948). Em 1395, Taejo iniciou a construção de um palácio por lá: era o Gyeongbokgung ("Palácio das Grandes Bênçãos" ou "Palácio da Felicidade Brilhante"), que se tornaria residência principal de sua dinastia. Era um complexo extenso, com mais de 400 edificações, o maior de cinco palácios erguidos pelos Yi em sua capital. Foi construído a partir de uma configuração norte-sul, cercado por um muro de pedra com portões nos quatro pontos cardeais. A entrada principal, ao sul, era conhecida como "triplo portão do arco-íris", em referência aos três portais em arco integrados à sua base de granito. Hanyang foi erguida com intuito grandioso. Mais de 100 mil homens foram convocados e submetidos a trabalhos forçados para construí-la com base em uma planta ortogonal (inspirada nas capitais imperiais da China), da qual constavam palácios, edificações, muros e portões.

O maior dos soberanos de Joseon foi o neto de Taejo, Sejong (1397-1450), que ascendeu ao trono em 1418. Uma burocracia sofisticada o apoiava. Havia nove escalões de funcionalismo administrativo, subdivididos em níveis júnior e sênior, e leis a governar seu comportamento e status. Um departamento chamado Censorato guiava a conduta moral da nação, monitorando de perto a vida pública e privada de autoridades. Exames públicos definiam as contratações para empregos no governo; os candidatos tinham seu conhecimento do chinês clássico avaliado, bem como de textos confucionistas. Símbolo da ordem que os Yi pretendiam criar, as *hopae* eram plaquetas de identificação com o selo de uma autoridade governamental; todo homem com mais de 15 anos de idade tinha que fabricá-las e usá-las. Na prática, esse ambicioso esquema, que foi instituído em 1413, nem sempre era cumprido.

Ainda que fosse um monarca absolutista, Sejong trocava ideias com seus súditos com frequência, no intuito de ouvir os problemas. Uma de suas principais metas era aperfeiçoar a agricultura; arregimentou um grupo de catedráticos para escreverem um manual com informações para os fazendeiros se tornarem mais produtivos. O resultado foi distribuído a autoridades regionais em 1429; em parte por isso, mais terras passaram a ser cultivadas, e o total registrado em 1550 era o dobro do existente em 1400. Sejong unificou seus domínios instalando uma clepsidra e dispositivos medidores padronizados no Gyeongbokgung (que continuaria a expandir)

O Hangul

Como parte de seus esforços para fortalecer a nação, Sejong criou um corpo de estudiosos e pesquisadores chamado Salão dos Dignos. Sua maior realização foi um novo alfabeto. Antes de Sejong, coreanos costumavam usar caracteres chineses para escrever, e estes não se adequavam bem à sua língua. Sejong supervisionou a criação de um novo alfabeto, mais simples, chamado Hangul (significa "grande escrita" ou "escrita coreana"). Promulgado em 1446, tinha apenas 24 letras, o que o tornava mais fácil de aprender e usar.

e fazendo deles um modelo nacional. Ao morrer, em 1450, deixou dezoito filhos, contribuindo para que se instaurasse uma grande pendenga sucessória, que enfraqueceu o reino.

O Gyeongbokgung passou por inúmeras adversidades na segunda metade do século XVI. Em 1553, foi devastado por um incêndio e exigiu um extenso processo de reconstrução. Pior seria em 1592, quando forças japonesas, dotadas de armas de fogo ocidentais, invadiram a Península da Coreia. Com suas forças dominadas, os soberanos de Joseon abandonaram Hanyang. Deixados à própria sorte na capital, os escravizados se rebelaram, queimando prédios do governo como parte de uma tentativa de destruir os arquivos que registravam a sua condição. A combinação do incêndio criminoso com danos causados pelos invasores representou a destruição do Gyeongbokgung. A guerra seguiu até 1598, quando os Joseon, com o apoio da China, forçaram os japoneses a recuar. A família real escolheu outro palácio em Hanyang, Changdeokgung, como residência; o Gyeongbokgung foi abandonado.

O Gyeongbokgung foi reconstruído entre 1865 e 1869, durante o reinado de Gojong (1851-1919). O palácio reconstruído tinha mais de 300 edificações e 7.225 quartos; mais uma vez, tornou-se a sede do poder dos reis de Joseon. Porém, o local se veria enredado nos planos dos japoneses de estenderem seu poder para a Península da Coreia. Em 1895, uma das esposas de Gojong, Myeongseong (1851-95), que se opusera abertamente à influência japonesa, foi assassinada no Gyeongbokgung.

O crime foi obra de agentes japoneses que haviam se infiltrado no palácio. Gojong e seu herdeiro abandonaram o local e transferiram a corte para um outro palácio, Deoksugung. Lá, para exibir a independência do país e proteger sua soberania contra os avanços do Japão, Gojong proclamou o Império Coreano e adotou o título de imperador em 1897. A estratégia surtiu pouco efeito: em 1905, os japoneses estabeleceram um protetorado sobre a Coreia e a anexaram cinco anos depois, encerrando formalmente o reinado da Dinastia Yi. O Gyeongbokgung sofreu depredações severas. Em 1915, muitos de seus corredores foram derrubados e substituídos por estruturas temporárias visando uma exposição industrial. Para simbolizar seu poder, as autoridades coloniais japonesas construíram seu edifício administrativo central próximo ao portão principal do palácio (esta edificação só seria demolida em 1995). Quando o domínio japonês foi encerrado em 1945, não mais do que um punhado de prédios do Gyeongbokgung permaneciam intactos.

Hoje, o Gyeongbokgung é o local do Museu Nacional do Palácio da Coreia. Criado em 1908, guarda artefatos e tesouros do passado real do país. Dentro de seu terreno estão ainda o Museu Folclórico Nacional da Coreia e réplicas de templos budistas espalhados pelo país (algo que traz certa controvérsia, pois a Dinastia Yi era neoconfucionista). O governo da Coreia do Sul investiu pesado na reconstrução do Gyeongbokgung; a restauração, ainda em curso, é um símbolo importante de orgulho nacional na História do país.

Cuzco

O Império Inca foi a culminação de três milênios de civilizações complexas que surgiram nos Andes. Conhecido na esfera local como *Tawantinsuyu* ("As Quatro Partes Juntas"), cobriu 4.000 km do oeste da América do Sul e, no auge, chegou a ter uma população de mais de 10 milhões de habitantes, sendo governado a partir de sua capital, Cuzco.

Reza a lenda que o povo inca é originário do vilarejo de Paqari-tampu, 24 km ao sul de Cuzco, onde havia três cavernas. Da que ficava no meio teria emergido o mítico fundador da Dinastia Inca, Manco Cápac, junto com seus três irmãos e quatro irmãs, enquanto seu povo teria saído das duas cavernas laterais. Manco Cápac estabeleceu

O Império Inca no início do século XVI.

seu domínio sobre os irmãos e liderou seu povo na travessia dos Andes em busca de um lar. Era conhecido como *Sapa Inca* ("O Único Inca"); todos os líderes subsequentes traçaram sua ascendência a partir dele. Os incas acabaram por se estabelecer em Cuzco, de onde desalojaram os habitantes locais. Não importando se há ou não veracidade no mito da criaçao, os incas ocuparam Cuzco no século XII. A cidade era situada no alto de um vale verdejante nas montanhas, a mais de 3.350 metros, com nascentes a abastecê-la. Seu nome já foi interpretado de diversas maneiras, entre as quais "afloramento", "leito seco do lago" ou "centro", além de possível referência a um marcador territorial de pedra conhecido como *cozco*.

Após fundarem Cuzco, os incas dominaram o vale, impondo-se sobre povoados vizinhos e obrigando-os a pagar tributos. Entre o começo e meados do século XIV, os incas fizeram incursões para além do Vale Sagrado de Cuzco, derrotando uma série de tribos. Tornaram-se uma potência imperial sob a liderança de Sapa Inca Pachakuti (1418-72) e se expandiram para o sul, na direção do Lago Titicaca, e para o norte, onde hoje é o Equador. Durante seu reinado, Cuzco atingiu sua forma final espalhando-se até os povoados ao redor e chegando a ter uma população de cerca de 150 mil. A área central da cidade tinha quarenta hectares, e seus contornos provavelmente foram definidos pelo próprio Pachakuti; ao que consta, reproduzindo o formato de um puma. Seus habitantes obtinham água por meio de canais de pedra que corriam ao largo de suas ruas pavimentadas, e os paióis locais eram reabastecidos a cada quatro dias.

No centro de Cuzco havia uma grande praça, que o Rio Huatanay dividia em dois setores: *Awkaypata* ("local do choro") e *Kusipata* ("local da alegria"). A área era utilizada para eventos cerimoniais, como a posse de novos governantes. O *Awkaypata* era coberto por areia da costa do Pacífico, na qual se enterravam estatuetas de ouro e prata, e era comum que guardasse os restos mumificados de governantes (ou seus ícones), sentados de acordo com sua hierarquia social. Nos arredores de Cuzco, ao norte, ficava Sacsayhuaman, que se projetava sobre a cidade e tinha enormes muros de pedra. Era um misto de cidadela, santuário, fortaleza e centro cerimonial. Em sua condição de capital imperial, Cuzco era a residência do Sapa Inca e de sua família. Cada soberano erguia para si um novo palácio, que era mantido como sua morada eterna após a morte; o mobiliário permanecia onde estava e servos cuidavam da múmia ou efígie do líder. Em uma tentativa de unificar o reino, chefes de tribos conquistadas precisavam manter casas em Cuzco e passar quatro meses por ano lá, com um filho em residência permanente.

Cuzco teve papel crucial na religião inca. Coricancha, a maior edificação religiosa da cidade, era dedicada à sua divindade padroeira, o deus-sol Inti. Foi extensivamente reconstruída sob a chancela de Pachakuti, com nova decoração banhada a ouro. O Império Inca atingiria seu ápice em tamanho (mais de 1,8 milhão de km^2) no início do século XVI, durante o reinado do neto de Pachakuti, Huayna Cápac (1467-1527), que comandou um governo centralizado e dotado de um bem treinado exército permanente de cerca de 200 mil homens. A chegada dos europeus desestabilizaria perigosamente o Império Inca, levando-o à destruição.

Francisco Pizarro (*c.* 1475-1541) era filho ilegítimo de um soldado e deixara a Espanha em 1509, estabelecendo-se no Panamá. Liderara expedições ao território inca em 1526 e 1529 e vira quão ricos eram seus líderes, o que o levou a lançar uma invasão em larga escala (ainda que com apenas 168 homens) em 1532. Mesmo com o tamanho reduzido de sua força, tinha a vantagem das armas e armaduras de aço e ferro, da pólvora e dos cavalos. Além disso, o Sapa Inca Atahualpa (*c.* 1502-33) acabara de se estabelecer como governante após derrotar o irmão numa dispendiosa guerra civil. Pizarro se encontrou com Atahualpa em Cajamarca em 16 de novembro. Tratava-se de uma emboscada para as forças incas. Mais de 7 mil soldados foram mortos, e Atahualpa foi capturado, com uma exigência de resgate. Ainda que o pagamento tenha sido feito, Pizarro considerou arriscado manter Atahualpa vivo, e ele foi executado em 26 de julho de 1533. Sua morte marcou efetivamente o fim do Império Inca.

Pizarro então liderou seus homens rumo a Cuzco, ocupando a cidade em 15 de novembro. Coricancha foi pilhada de todos os objetos de valor e entregue para a Ordem Dominicana, que ergueu um monastério ao seu redor. Cuzco foi oficialmente refundada como cidade espanhola, apesar de Pizarro ter decidido estabelecer sua capital na costa, fundando a cidade de Lima. Pizarro instaurou Manco Inca (*c.* 1515-*c.* 44), um dos primos de Atahualpa, como um monarca fantoche preso em Cuzco. Ele tentou fugir pela primeira vez em novembro de 1535, mas foi recapturado e detido; consta ainda que teriam urinado nele e queimado seus cílios. Ele fugiu cinco meses depois, em abril, após informar a seus captores que iria conduzir cerimônias nos campos e que retornaria com uma estátua de ouro em tamanho natural de seu pai. Manco Inca lideraria um levante contra o poderio espanhol, chegando a Cuzco com mais de 200 mil soldados em maio de 1536. Os espanhóis sobreviveram ao cerco de dez meses, apesar de não contarem com mais de poucas centenas de soldados e cerca de mil aliados locais. Manco Inca recuou até as matas do interior, onde fundou um Estado que sobreviveu até 1572.

Tendo deixado de ser capital, Cuzco entrou em declínio. Áreas da cidade haviam sido queimadas durante o cerco e os espanhóis haviam desmantelado grande parte de suas construções – por exemplo, demolindo boa parte de Sacsayhuaman (embora várias das pedras em seus muros fossem grandes demais para serem deslocadas e estejam em seus lugares originais até hoje). Para dessantificar o *Awkaypata*, retiraram a areia que o recobria para usá-la em construções. O espaço se tornaria a Praça de Armas, com duas catedrais em local de destaque. Depois que um terremoto em 1650 causou-lhe sérios danos, uma enorme área de Cuzco foi reconstruída em estilo barroco, o que significa que hoje resta pouco de seu passado como capital de um grande império.

Kosovo Polje

A Batalha de Kosovo (1389) marcou o início do domínio otomano nos Bálcãs e manteria um significado importante na região por vários séculos.

O nascente Império Otomano ganhou seu primeiro território na Europa quando suas forças ocuparam uma fortaleza na Península de Galípoli, em 1352. Com o Império Bizantino em acentuado declínio, em 1369 os otomanos já haviam conquistado a cidade de Adrianópolis (hoje Edirne), abrindo caminho para se expandirem mais ainda Bálcãs adentro. Nessa época, os Bálcãs eram habitados por eslavos, um povo indo-europeu que havia se estabelecido na região nos séculos VI e VII. Lá criaram vários Estados e se converteram ao cristianismo; entretanto, sem um governo central forte, eram vulneráveis aos otomanos.

Entre 1385 e 1387, uma série de vitórias militares do Sultão Murad I (1326-89) abriu o norte da Grécia e o sul da Macedônia para os otomanos. Em 1388, contudo, sua tentativa de conquistar a Bósnia foi frustrada pela derrota na Batalha de Bileća. Murad I reagiu ao revés arregimentando um grande exército, que incluía alguns aliados eslavos, e marchando para oeste no ano seguinte. O mais poderoso líder eslavo era o Príncipe Lazar Hrebeljanović (1329-89), que controlava um grande Estado na Sérvia. Ele organizou uma coalizão para derrotar os otomanos, incluindo sérvios, bósnios, búlgaros, valáquios, albaneses e até um contingente de Cavaleiros Hospitalários (uma ordem militar católica fundada durante as Cruzadas).

As duas armadas se enfrentaram no Kosovo Polje (Campo dos Melros), a noroeste da cidade de Pristina, em 15 de junho. Os relatos da batalha variam muito, mas o mais provável é que tenha terminado em um impasse, com perdas colossais para ambos os lados, incluindo os dois líderes. Murad I foi morto por um sérvio que ardilosamente fora levado à sua presença, enquanto Lazar foi capturado e executado (possivelmente traído por um aliado). Os otomanos, com acesso a significativos reforços vindos da Anatólia, puderam contornar melhor as perdas. Os sérvios não contavam com material humano na mesma proporção; a perda de Lazar privou-os de seu mais carismático líder.

Por mais inconclusiva que tenha sido, a Batalha de Kosovo se impôs na memória nacional de muitos sérvios como uma derrota maiúscula que sinalizou o início do jugo otomano. Nos séculos seguintes, Kosovo tornou-se um grito de guerra para os

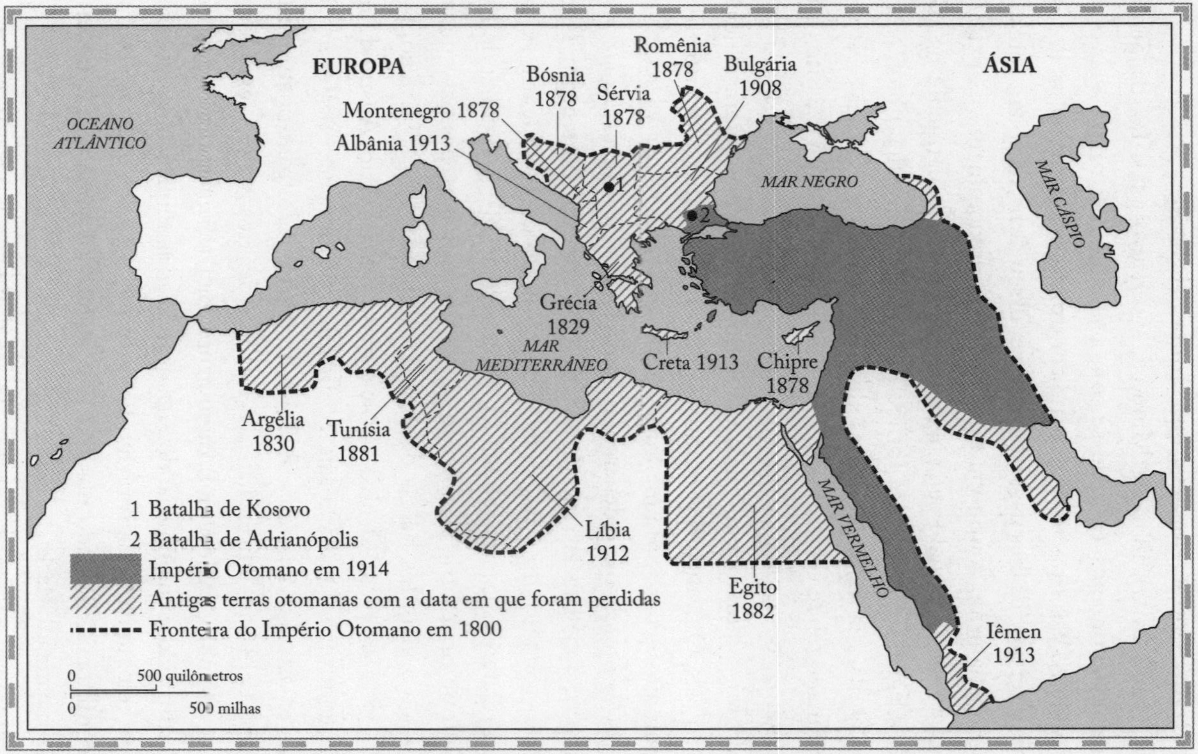

O Império Otomano, *c.* 1800-1914.

sérvios que desejavam moldar uma identidade nacional independente. O local onde ocorreu a batalha ficou conhecido como Gazimestan (derivado do árabe *ghazi*, que significa "herói", e do sérvio *mesto*, que significa "lugar").

Bayezid I (1360-1403), filho de Murad I, sucedeu o pai e fez da Sérvia um Estado vassalo dos otomanos, casando-se com a filha de Lazar para selar o acordo. Ao final do século XIV, o Império Otomano controlava boa parte do sul dos Bálcãs. Contanto que os territórios lhes pagassem taxas e fossem leais, recebiam considerável autonomia. O cristianismo continuou a ser a religião predominante na maioria das áreas, ainda que muitos tenham se convertido ao islã, particularmente na Albânia e na Bósnia. A região do Kosovo se tornou uma *vilayet* (província) otomana – sua população tinha maioria de muçulmanos albaneses. Durante os séculos XV e XVI, o Império Otomano foi de vento em popa. Em 1444, derrotou um exército conjunto polonês e húngaro, pavimentando o caminho para avançar rumo à Bósnia-Herzegovina. Belgrado foi capturada em 1521; em 1526, os húngaros foram vencidos na Batalha de Mohács. O avanço dos otomanos para o Ocidente foi detido em 1529, quando tiveram que recuar após uma fracassada tentativa de tomar Viena.

Nos Bálcãs, os otomanos se depararam com revoltas periódicas e a ascensão de um sentimento nacionalista. Ao fim do século XIX, Grécia, Montenegro, Romênia e Sérvia haviam conquistado a independência, ao passo que a Bulgária se tornara autônoma (e declararia sua independência formal em 1908). A Batalha de Kosovo manteve a enorme riqueza de significado para os pan-eslavos, pessoas que acreditavam que toda a região dos Bálcãs deveria ser unificada num só Estado, livre de qualquer influência externa. O alvo de sua ira era o Império Austro-Húngaro, que mantinha controle sobre a Croácia e a Bósnia-Herzegovina. Assim, a visita do Arquiduque Francisco Ferdinando (1863-1914), herdeiro do trono austro-húngaro, a Sarajevo em 1914, no aniversário da Batalha de Kosovo, foi extremamente polêmica. Um membro da Jovem Bósnia, grupo pan-eslavo apoiado pela Sérvia, assassinou Ferdinando e sua esposa, desencadeando uma sequência de eventos que culminaram na eclosão da I Guerra Mundial.

Após o conflito, foi fundado nos Bálcãs o Reino dos Sérvios, Croatas e Eslovenos (depois rebatizado de Iugoslávia), consumando as ambições dos pan-eslavos. O território do reino incluía o Kosovo e, em 1924, foi erguido um monumento em Gazimestan, onde cerimônias anuais passaram a ser realizadas. O Reino da Iugoslávia durou até 1941, ano em que foi invadido, ocupado e dividido pelas forças do Eixo. Após a II Guerra Mundial, tornou-se um Estado socialista federalizado, comandado por Josip Broz Tito (1892-1980), que o governou até morrer, em 1980.

A morte de Tito e o declínio econômico nos anos 1980 puseram a federação sob pressão. Em 1989, o líder da República da Sérvia, Slobodan Milosević (1941-2006), fez um discurso perante uma multidão em Gazimestan (onde um novo monumento havia sido erguido em 1953). Declarou que ali, seis séculos antes, a Sérvia lutara para salvar o resto da Europa do domínio otomano e que, portanto, o país deveria manter o controle do Kosovo em caráter permanente, ainda que muitos dos habitantes locais desejassem a independência. O discurso também deixava no ar a possibilidade de uma guerra para defender suas ambições para a Sérvia. Sua retórica era sintomática do nacionalismo crescente que ajudou a causar o desmoronamento da Iugoslávia em 1991. Ao longo dos quatro anos seguintes, os Bálcãs mergulharam em estado de guerra, acompanhado por uma série de massacres e episódios de limpeza étnica.

Após a guerra, Milosević foi declarado presidente da República da Sérvia e Montenegro, que incluía o Kosovo. Em 1998, atacou os rebeldes pró-independência no Kosovo, causando um banho de sangue e um massivo deslocamento populacional. Para impedir uma crise humanitária, a OTAN interveio em 1999 e forçou Milosević a recuar. Mais tarde, ele perderia o cargo pelo voto e seria extraditado para Haia, para ser julgado por crimes de guerra. Contudo, morreu em 2006, antes que a corte chegasse a um veredito. O Kosovo, enquanto isso, ficou sob administração da ONU até 2008, quando foi declarada sua independência.

A Caverna de Tito

Durante a II Guerra Mundial, o Eixo conquistou a Iugoslávia em 1941, mas houve resistência doméstica generalizada. Um dos principais grupos foi o dos Partisans comunistas, liderados por Tito. Em 25 de maio de 1944, forças do Eixo atacaram o quartel-general de Tito, uma caverna nas colinas próximas à cidade bósnia de Drvar. Tito escapou, e no ano seguinte se tornou líder da recém-criada República Socialista Federativa da Iugoslávia.

6

O Início da Era Moderna

O Alhambra

Do século VIII ao XV, líderes muçulmanos reinaram sobre regiões da Península Ibérica, às vezes controlando-a quase por inteiro. Sua presença mais duradoura foi em Granada, onde os emires reinantes ergueram o Alhambra, um palácio que representava o encanto estético da arquitetura islâmica.

Em 711, o Califado Omíada invadiu a Península Ibérica e fundou um território que chamou de al-Andalus. Depois de uma guerra civil, os omíadas foram derrubados pelos abássidas. O domínio muçulmano na península continuou sob a égide de um príncipe omíada que estabeleceu o emirado independente de Córdoba em 756. O reino entraria em colapso sob uma guerra civil no início do século XI, dividindo-se em pequenos Estados, de nome *taifas*. Criou-se um vácuo de poder ocupado pelas dinastias berberes marroquinas (primeiro os almorávidas, depois os almóadas), que gozaram de soberania na Península Ibérica Islâmica entre 1090 e 1212.

Potências cristãs haviam sobrevivido ao norte da península e lutaram uma série de guerras, denominadas Reconquista, no intuito de recuperar terreno dos soberanos islâmicos. Ao fazê-lo, fundaram vários reinos independentes, que usaram o poderio militar para forçar os reis *taifas* a pagar tributos. Em 1212, os exércitos cristãos aliados obtiveram uma grande vitória em Las Navas de Tolosa sobre os almóadas, estabelecendo as bases para o final do domínio muçulmano no sul da Espanha. O mais poderoso reino espanhol cristão foi o de Castela, governado entre os anos 1217 e 1252 por Fernando III (*c.* 1199-1252), que comandou a captura de Sevilha e Córdoba. Ele autorizou a permanência de um remanescente de al-Andalus: o Emirado de Granada, fundado por Abu Abdullah Muhammad ibn Yusuf ibn Nasr (1195-1273), rei *taifa* que havia apoiado Fernando III. A dinastia que estabeleceu, a Nacérida, governou Granada até 1492.

O Emirado de Granada cobria uma franja costeira e algum território montanhoso em seu interior. O solo empobrecido obrigava-o a importar grãos do norte da África, mas o reino lucrava com a exportação de mercadorias de luxo, como seda, açúcar e frutas secas. Castela, ao norte, forçava Granada a pagar tributos anuais em ouro. Em caso de atraso, o emirado era punido com ataques à fronteira que destruíam suas fazendas e povoados. Para se estabelecer em Granada, Maomé I decidiu erguer seu próprio palácio, o *Qal'at al-Hamra*, que significa forte vermelho (em referência às cores de seus muros, construídos com o solo de argila da área que o circunda); o nome "Alhambra" seria uma contração. Ele escolheu como local um platô com vista para a cidade onde antes existira uma pequena fortaleza (expandida pelos romanos). A construção levaria séculos, e seus sucessores acrescentariam alas e reformariam continuamente o complexo.

A área externa da edificação teve sua construção terminada ao fim do século XIII; sua grossa muralha tinha um perímetro de cerca de 2,3 km, com 22 torres. Também o aqueduto ficou pronto nessa época – o abastecimento de água corrente era crucial para as muitas fontes e a casa de banhos do Alhambra. Havia três seções principais: o Mexuar, o Palácio de Comares e o Pátio dos Leões. O Mexuar foi erguido durante os anos 1320 e usado pelos nacéridas para funções públicas. O Palácio de Comares foi construído em meados do século XIV e usado para audiências privativas, assim como para receber embaixadores. Por último, o Pátio dos Leões foi acrescentado ao final do século XIV, na condição de espaço privado da Dinastia Nacérida. Todas as edificações foram sempre ricamente decoradas, com os complexos padrões geométricos que caracterizam a arte islâmica. A leste do Alhambra ficava o Generalife (uma corruptela de *Jinnah al-'Arif*, que significa "Jardim do Arquiteto"), um palácio de verão cercado por jardins ornamentais, pavilhões e fontes construídos nos anos 1310 e 1320. A extremidade oeste do complexo era a Alcazaba, uma cidadela que servia alternadamente como quartel, depósito de armamentos militares e prisão.

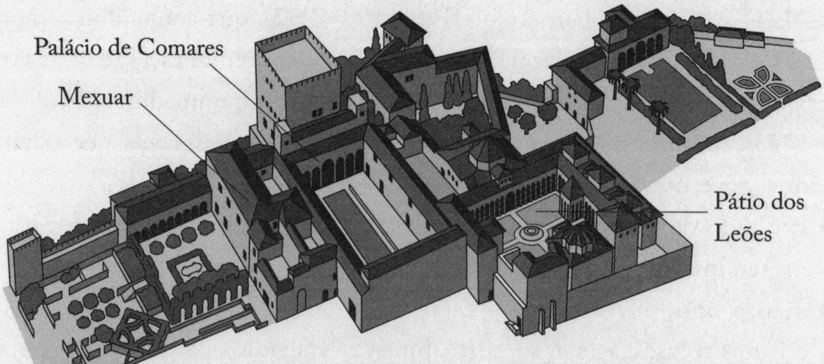

Palos de la Frontera

Em 3 de agosto de 1492, três navios, o *Pinta*, o *Niña* e o *Santa María*, zarparam do porto andaluz de Palos de la Frontera. A expedição, comandada por Colombo, buscava uma nova rota marítima para a Ásia. Após cruzarem o Atlântico, os navios chegaram ao Caribe em 12 de outubro (Colombo continuava a acreditar ter chegado à Ásia). Os navegadores voltaram a Palos de la Frontera em 15 de março de 1493; a viagem estabeleceria os alicerces do império global espanhol e da colonização das Américas pelos europeus.

A Dinastia Nacérida passara uma década às voltas com uma guerra civil e com incursões bélicas do norte e chegou ao fim no dia 2 de janeiro de 1492, quando Maomé XII (*c.* 1460-1533) se rendeu a Isabel I de Castela (1451-1504) e seu marido, Fernando II de Aragão (1452-1516), cujo casamento estabelecera as fundações para a unificação da Espanha. O Alhambra foi então designado palácio real pelo casal Fernando e Isabel. Julgando-o francamente dilapidado, contrataram artesãos muçulmanos para restaurá-lo, além de ordenarem a construção de uma capela cristã em seu interior. Ali receberiam Cristóvão Colombo (1451-1506), vindo a apoiar e financiar sua viagem através do Atlântico, que levaria à fundação do império mundial herdado pelo neto do casal, o Imperador Carlos V (1500-58), em 1516. Carlos visitou o Alhambra pela primeira vez em 1526. Ainda que tenha admirado o local do ponto de vista arquitetônico, não o julgou conveniente como palácio real e encomendou a construção de uma nova residência para si no terreno (e, nesse processo, partes do Alhambra original foram destruídas). A nova residência nunca ficou integralmente pronta e, após um século, a obra foi abandonada.

Em meados do século XVII, o Alhambra se encontrava em estado lastimável; seus palácios eram usados para abrigar prisioneiros e soldados inválidos. Foi ainda mais depredado na era napoleônica. Soldados franceses retiraram a madeira do palácio inacabado de Carlos V para usar em fogueiras e derrubaram oito das torres perimetrais. Ao chegar a Granada em meio à Guerra Peninsular (1807-14), o Duque de Wellington (1769-1852) deu seu toque pessoal ao Alhambra, mandando plantar olmos, árvores tipicamente inglesas, pelo parque que o circunda. Na maior parte do século XIX, o local foi usado para abrigar animais. Ervas daninhas cresceram entre as edificações. Terremotos e incêndios causaram mais danos. Desde meados do século XIX, o Alhambra tem sido submetido a um trabalho quase sem pausas de reforma e conservação, o que ajudou a trazer sua glória de volta à vida.

A Freguesia de Belém

Na extremidade ocidental de Lisboa, logo na entrada de seu porto, está a Freguesia de Santa Maria de Belém. Tornou-se lugar inextricavelmente ligado à ascensão de Portugal como potência colonial e comercial durante os séculos XV e XVI.

Em 1147, Afonso I (*c.* 1109-85), primeiro rei de Portugal, deu fim ao domínio muçulmano sobre Lisboa após quatro meses de cerco. Foi ajudado por um contingente de cruzados do noroeste da Europa que haviam desembarcado em Portugal depois que o mau tempo os impedira de navegar diretamente para a Terra Santa. A cidade viria a se tornar a capital do reino e ter papel crucial em sua história como centro administrativo e entreposto comercial. Lisboa foi erguida nas encostas de dois morros que contemplam o Rio Tejo e o Oceano Atlântico, e era dotada do melhor porto natural, de águas profundas e ancoradouro protegido da costa atlântica da Europa.

Os reis de Portugal, cientes de que seu território era esparsamente povoado, sem recursos naturais ou boas terras de cultivo, estavam ansiosos para promover o comércio e a exploração marítimos. No início do século XV, começaram a procurar riqueza e glória para além da Europa. Em 1415, Portugal capturou a cidade norte-africana de Ceuta. Foi só o início da expansão do reino para o exterior. A ocupação da Ilha da Madeira começou a partir de 1420, seguida pela descoberta dos Açores em 1427. Devido ao clima subtropical, as ilhas tornaram-se locais de plantio, principalmente de canaviais. De meados do século XV em diante, mercadores e exploradores portugueses passaram a atuar regularmente na África Ocidental, estabelecendo postos comerciais e mapeando sua costa até o Cabo da Boa Esperança. Também nessa época, descobriram o arquipélago de Cabo Verde e povoaram suas ilhas em 1462. Para Portugal, as explorações traziam lucros no bojo. Foi o primeiro país

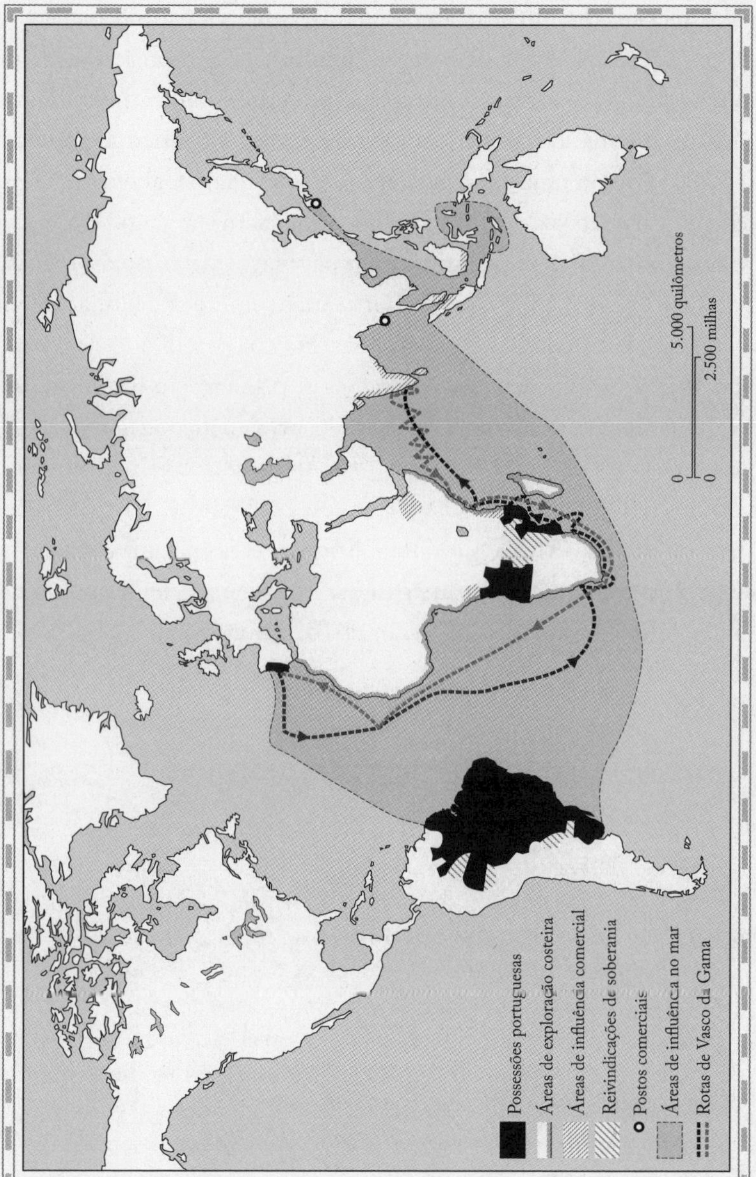

O Império Português além-mar, séculos XVI a XIX.

europeu a escravizar africanos, levando-os para bem longe de suas terras natais e forçando-os a trabalhar nas plantações.

Portugal almejava um prêmio ainda maior: uma rota marítima em torno da África para comerciar direto com a Índia, tendo acesso a mercadorias lucrativas, especiarias em particular, sem a intermediação dos mercadores muçulmanos, que controlavam as rotas terrestres para a região. Entre 1487 e 1488, Bartolomeu Dias (1450-1500) liderou uma expedição que deu a volta no Cabo da Boa Esperança, a extremidade sul da África. Em 1497, Vasco da Gama (*c.* 1460-1524), nobre de segundo escalão com experiência limitada em navegações marítimas, foi selecionado por Dom Manuel I (1469-1521), rei de Portugal, como líder de uma expedição que deveria dar continuidade à de Bartolomeu Dias. Foi em Belém que ele e seus homens passaram sua última noite em terras portuguesas, rezando em um local de reclusão religiosa de alta conta entre homens do mar. A sorte abençoou sua viagem – Vasco da Gama avistou a costa da Índia em 18 de maio de 1498, e o primeiro de seus navios voltou para casa em julho de 1499. Os portugueses criariam vários postos comerciais na Índia, bem como na África Oriental. Enquanto isso, também se estabeleceriam como potência colonial na América do Sul depois de o explorador Pedro Álvares Cabral (1467-1520) desembarcar no Brasil e reivindicá-lo para a Coroa Portuguesa.

DIU

Em 1509, Portugal enfrentava resistência à tentativa de estabelecer-se na Índia. O sultão de Gujaráti e o rei de Calicute, associados ao Sultanato Mameluco do Egito, reuniram uma frota com o intuito de desalojar os portugueses de uma vez por todas. O confronto naval decisivo ocorreu ao largo de Diu, um porto no oeste da Índia. Ainda que em menor número, os navios portugueses eram maiores e mais poderosos e derrotaram seus inimigos, numa vitória esmagadora, sem precedentes, que lhes assegurou o controle das rotas comerciais do Oceano Índico por um século.

Em 1502, Dom Manuel iniciou a construção de um mosteiro em Belém, erguido ao redor do local onde Vasco da Gama e seus homens haviam rezado antes de saírem em viagem. Financiado parcialmente por um imposto sobre especiarias da Ásia, o mosteiro foi entregue à Ordem de São Jerônimo. Dom Manuel esperava que os monges fossem rezar pela sua alma, bem como pelo sucesso dos marinheiros que deixavam Portugal. A obra levou um século e a construção foi no estilo "manuelino", caracterizado pelo exuberante uso de temas marítimos e exóticos em sua rica decoração. Vasco da Gama, que morrera em 1524 na Índia, onde servia como vice-rei de Portugal, foi sepultado lá. Próxima ao mosteiro fica a Torre de Belém, erguida para vigiar os pontos de aproximação do estuário do Rio Tejo. As obras da torre, localizada num afloramento próximo à margem do rio, começou em 1515, por ordem de Dom Manuel, e terminou em 1521. Dedicada a São Vicente, o padroeiro de Lisboa, a torre de calcário foi usada como forte, prisão, posto de vigia e baluarte defensivo. É um exemplo do estilo manuelino, além de exibir influências romanas, venezianas e marroquinas.

No século XVI, Portugal foi deslocado do papel de potência colonial dominante no Oceano Índico pelos ingleses e pelos holandeses, e passou a ter concorrência também na África Ocidental. Em 1580, uma crise na sucessão levou o rei de Espanha a reivindicar a Coroa portuguesa. Apenas em 1640, Portugal e seu império voltaram a ser governados por sua própria dinastia real. O papel de Belém continuou a ter relevância. Em 1726, o Rei Dom João V (1689-1750) iniciou a construção de um palácio pintado externamente de rosa em Belém. Foi reformado e expandido no século XIX, com a adição de intrincados interiores e jardins, e desde 1911 é a residência oficial do presidente de Portugal.

Uma tragédia, porém, ocorreu em Lisboa em 1755, quando um devastador terremoto e um tsunami subsequente arrasaram a cidade. Mais de 50 mil pessoas morreram, e só a agilidade da ação governamental evitou que o caos se espalhasse de forma descontrolada. Belém, de maneira geral, foi poupada da destruição, sobrevivendo quase intacta. Muita gente foi assentada em tendas e estruturas temporárias na freguesia e em áreas ao redor, incluindo a família real, que após o terremoto transferiu a Corte para a Ajuda, freguesia vizinha a Belém, num complexo que compreendia uma grande tenda e edificações de madeira. Boa parte da estrutura da Ajuda foi destruída pelo fogo em 1794; no ano seguinte, teve início a construção de um novo palácio de pedra. Em 1807, quando a família real portuguesa refugiou-se no Brasil em face do avanço dos exércitos de Napoleão, a obra continuava inacabada, e o palácio só ficou pronto no fim do século XIX. Àquela altura, a glória imperial de Portugal já se esvanecia. A Revolução de 5 de outubro de 1910 depôs a família real e estabeleceu uma república. Contudo, Belém permanece como símbolo da era de ouro de Portugal. Em 1983, a Torre de Belém e o Mosteiro dos Jerônimos foram designados Patrimônio da Humanidade pela UNESCO.

O Castelo da Costa do Cabo

O tráfico transatlântico de escravizados é uma das maiores tragédias da História. Entre os séculos XVI e XIX, mais de 12 milhões de africanos foram escravizados e levados para as Américas. Potências europeias criaram postos avançados pela costa ocidental da África, um dos quais foi o Castelo da Costa do Cabo, que fica no atual território de Gana.

Os primeiros traficantes europeus a operar na África Ocidental foram os portugueses, que lá se estabeleceram em meados do século XV. No início do XVI, a eles já haviam se juntado os espanhóis, os ingleses, os franceses e os holandeses. As Américas eram o destino principal das pessoas escravizadas; cerca de metade dos indivíduos escravizados na África foi enviada para o Caribe, um terço para o Brasil e a maior parte dos demais para a América do Norte.

No século XVII, os europeus haviam estabelecido um "comércio triangular", que consistia no transporte de produtos manufaturados para a África, na compra de escravizados no continente, levados em seguida para as Américas, e no retorno das embarcações à Europa com matérias-primas, principalmente tabaco, açúcar e algodão. O trecho entre a África e as Américas ficou conhecido como Passagem do Meio. As condições nos navios que faziam a rota, superlotados e infestados de doenças, eram desumanas; muita gente preferia se atirar no mar. A taxa de mortalidade dos escravizados durante a Passagem do Meio pode ter passado de 15%.

Uma das regiões da África Ocidental onde os europeus eram mais ativos tornou-se conhecida como Costa do Ouro (batizada, a exemplo de áreas próximas, como a Costa do Marfim e a Costa dos Escravos, em referência a seu principal produto de exportação). Embora houvesse na região ricas jazidas de ouro que os

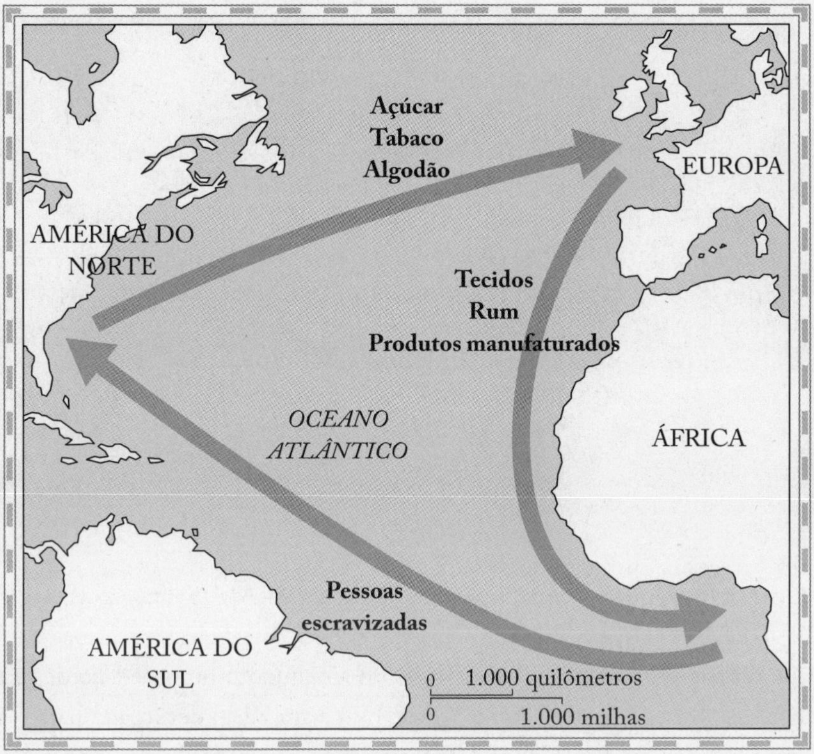

O Comércio Triangular no século XVIII.

europeus desejavam explorar, eles também ansiavam por continuar a negociar vidas humanas. Em um trecho da costa de menos de 482 km, mais de sessenta postos comerciais, alojamentos e fortes foram construídos por mercadores europeus e usados para deter pessoas antes que fossem embarcadas para fazer a Passagem do Meio.

A história do Castelo da Costa do Cabo remete a meados do seculo XVII e a Hendrik Carloff, provavelmente oriundo da cidade mercantil báltica de Rostock (embora também seja possível que tenha nascido na Finlândia). Ele trabalhou para a Companhia Holandesa das Índias Ocidentais na África Ocidental, onde criou vínculos com diversos governantes locais, entre eles o rei de Efutu, que reinava sobre uma área costeira localizada no atual território de Gana. Em 1648, Carloff retornou à Europa, onde fez contato com os De Geer, uma família de origem valona que havia emigrado para a Suécia e feito fortuna fundindo e produzindo objetos de ferro.

O Antigo Campo de Polo, Acra

Em meados do século XX, aumentava a oposição ao domínio colonial europeu sobre a África. Na colônia britânica da Costa do Ouro, o farol da luta por autonomia era Kwame Nkrumah (1909-72). Em 6 de março de 1957, pouco depois da meia-noite, ele discursou para uma multidão reunida no Antigo Campo de Polo, em Acra, e proclamou a independência de Gana (batizada em homenagem ao império medieval africano). Como Gana foi a primeira colônia britânica subsaariana a se tornar independente, aquele foi um marco icônico e histórico.

Os De Geer eram fundadores da Companhia Sueca da África e contrataram Carloff como diretor. Em 1650, ele voltou à Costa do Ouro, restabeleceu relações com o rei de Efutu e obteve permissão para construir um alojamento num pedaço de terra que os portugueses chamavam de Cabo Corço e, numa tradução deturpada para o inglês, virou Cape Coast (Costa do Cabo). Uma estrutura quadrada de madeira e tijolos de barro foi erguida em 1653 e batizada de Carolusborg, em homenagem a Carlos X Gustavo da Suécia (1622-60). Carloff partiu para a Europa em 1655, mas logo entrou em desavença com os De Geer. Passou então a trabalhar para os dinamarqueses, que desejavam se estabelecer no tráfico de escravizados. Em 1658, a serviço da Companhia Dinamarquesa da África, Carloff retornou à Costa do Ouro e persuadiu os conselheiros do rei a ceder Carolusborg aos dinamarqueses. Apoiado por navios de combate, obteve o controle do forte antes de retornar para a Europa. Aí terminou o envolvimento de Carloff com a Costa do Ouro, embora posteriormente ele tenha trabalhado para a Companhia Francesa das Índias Ocidentais na África Ocidental e no Caribe.

O controle de Carolusborg pelos dinamarqueses não durou muito. Em 1659, os holandeses capturaram o forte; um ano depois os suecos o retomaram. Contudo, como não conseguiram atribuir-lhe qualquer função lucrativa, devolveram-no aos holandeses em 1663. O forte, já em estado bem precário, foi tomado por uma frota inglesa em 7 de maio de 1664. Rebatizado Castelo da Costa do Cabo, tornou-se o quartel-general da atuação britânica no comércio transatlântico de escravizados. Durante os anos 1680 e 1690, o Forte passou por reformas significativas; o lado norte foi ampliado e uma nova edificação, construída, projetando-se sobre o mar para servir de plataforma para canhões. De início, os britânicos continuaram a pagar um valor mensal ao rei de Efutu, transferindo-o em seguida para os líderes dos fante, uma aliança de Estados que absorveu seu território.

A partir de meados do século XVIII, o aumento da demanda por trabalho escravo nas Américas levou os mercadores europeus a aumentarem a atividade na África Ocidental. Por consequência, o tráfico humano transatlântico chegou a seu auge nos anos 1780; a cada ano, cerca de 90 mil escravizados eram transportados. Foi em torno dessa época que os últimos vestígios do antigo e então dilapidado forte foram demolidos, abrindo espaço para uma edificação maior. O novo Castelo da Costa do Cabo tinha uma torre, bastião duplo e rampas que iam até a praia, facilitando o desembarque de mantimentos. Tinha ainda amplas câmaras subterrâneas onde cabiam centenas de escravizados, que ali eram mantidos até que os mercadores viessem comprá-los. O local se tornou valorizado por capitães de navios negreiros; ali, podiam abarrotar rapidamente suas embarcações, minimizando o tempo de ancoragem na costa.

Em 1807, o tráfico de escravizados foi abolido no Império Britânico, mas nem por isso o Castelo da Costa do Cabo foi abandonado, na esperança de que servisse como base para *plantations* nos campos ao redor. Nessa época, a Confederação Fante tinha seu domínio local desafiado pelo Reino de Ashanti, a quem os britânicos passaram a pagar aluguel pelas instalações a partir de 1817. Estes logo se viram desafiados pelos ashanti, que, em 1825, reuniram um grande exército para tentar capturar o Castelo da Costa do Cabo, mas foram forçados a recuar por uma epidemia de varíola. Em 1867, os britânicos estabeleceram formalmente a colônia da Costa do Ouro e continuaram a combater os ashanti e os fante enquanto avançavam interior adentro. O Castelo da Costa do Cabo se manteve de pé e, após a independência de Gana, em 1957, foi restaurado e preservado para que, juntamente com outros castelos ligados diretamente ao comércio de pessoas escravizadas, mantivesse bem viva a lembrança dos horrores que ali haviam acontecido.

Greenwich

A História britânica, em especial a de seu império, está inextricavelmente atrelada aos mares. Poucos lugares na nação têm um legado marítimo maior que o de Greenwich.

Greenwich tornou-se associado à família real inglesa no século XIII, quando a área era seu parque de caça particular. Tornou-se residência real em 1447, quando a Coroa assumiu a propriedade de uma casa senhorial, que ficou conhecida como Palácio de Placentia, erguido às margens do Rio Tâmisa. Como ficava perto de Londres, Henrique VII (1457-1509), primeiro monarca da Dinastia Tudor, selecionou-a como sua residência principal, reconstruindo-a. Foi onde nasceu seu filho e sucessor, Henrique VIII (1491-1547), que costumeiramente organizava banquetes e justas em Placentia. Sua filha, Elizabeth I (1533-1603), também nasceu ali e usou depois o palácio como residência de verão.

Dois monarcas da Dinastia Stuart, Jaime I (1566-1625) e Carlos I (1600-49), foram também visitantes frequentes de Greenwich. Em 1613, Jaime I concedeu a propriedade e o palácio a sua esposa, Ana da Dinamarca (1574-1619), como um pedido de desculpas pela reação exacerbada que tivera quando ela acidentalmente atirou em seu cachorro favorito numa caçada. Ana decidiu ter sua própria residência perto de Placentia e, em 1616, encomendou ao arquiteto Inigo Jones (1573-1652) o projeto da "Queen's House", cuja obra teve início no ano seguinte. Refletindo as tendências arquitetônicas da Europa continental, foi a primeira edificação de inspiração clássica da história da Grã-Bretanha. Quando ficou pronto, em 1635, Ana já havia morrido. Àquela altura, o trono era ocupado por seu filho, Carlos I, e a Queen's House foi cedida à sua esposa, Henriqueta Maria de França (1609-69).

Entre 1639 e 1651, a Inglaterra, Gales, a Escócia e a Irlanda mergulharam em uma série de guerras civis entre Coroa e Parlamento. Durante o conflito, Carlos I foi julgado por privilegiar seus interesses em detrimento dos do povo, considerado culpado de alta traição e executado. Com o triunfo dos parlamentares, liderados por Oliver Cromwell (1599-1658), foi criada uma Commonwealth republicana. Placentia se viu deteriorado – Cromwell tentou vendê-lo e, como não conseguiu, transformou-o primeiro em uma fábrica de biscoitos para a Marinha, depois em local de detenção para prisioneiros de guerra.

Um acordo político permanente se provou difícil, em particular após a morte de Cromwell, e a monarquia acabaria sendo restaurada em 1660, com Carlos II (1630-85) assumindo o trono. Ele mandou demolir Placentia e ordenou a construção de um novo palácio no local. Por falta de verba, a obra nunca foi concluída, embora Carlos II tenha remodelado o Parque de Greenwich ao mais recente estilo importado da França. Seu maior legado para Greenwich foi encomendar o Observatório Real, projetado por Sir Christopher Wren (1632-1723), arquiteto ativo na reconstrução de Londres

Bouvines

Após a Conquista Normanda de 1066, monarcas ingleses mantiveram terras do outro lado do Canal da Mancha, não raro entrando em conflito com a França – notoriamente, a Guerra dos Cem Anos (1337-1453). Uma guerra anglo-francesa já havia ocorrido em 1213-14. A batalha final foi em Bouvines, no norte da França, onde os ingleses e seus aliados foram fragorosamente derrotados. O Rei João (1166-1216) se viu tão enfraquecido que, em 1215, se submeteu às demandas de seus barões pela Magna Carta, documento que limitava o poder real. Isso ajudou a criar o *Common Law* na Inglaterra, garantindo direitos individuais.

depois do Grande Incêndio de 1666. Situado numa colina no Parque de Greenwich, o Observatório Real foi concebido para o primeiro Astrônomo Real, John Flamsteed (1646-1719), que se mudou para lá em 1676. Como ficava fora de Londres, não havia fumaça para atrapalhar seu trabalho de vasculhar o céu. A pesquisa do observatório foi incrivelmente benéfica para as navegações. Seu *Almanaque náutico* era utilizado por marinheiros mundo afora. Como usava a longitude de Greenwich como ponto de referência de hora e local em seus cálculos e gráficos, em 1884 determinou-se que o observatório seria o padrão internacional para um "meridiano primário" – a linha definida como longitude 0°. É também a base do sistema global de fusos horários.

Em 1688, Jaime II (1633-1701), que se convertera ao catolicismo, foi deposto pela Revolução Gloriosa e substituído pela filha, Maria II (1662-94), e o marido holandês, Guilherme de Orange (1650-1702). Como parte de sua ascensão ao trono, o casal acedeu à Declaração de Direitos (1689), que fortaleceu o Parlamento e lançou alicerces para sua supremacia sobre a Coroa. Com residências em Hampton Court e Kensington, a família real não tinha necessidade ou desejo de terminar a reconstrução de Greenwich. Pelo contrário, em 1694, Maria II declarou que o local seria usado para abrigar marinheiros aposentados e incumbiu Wren de projetar o Hospital de Greenwich. Ele entregou uma obra-prima barroca (financiada, em parte, por multas a mercadores por contrabando) que ficou pronta em 1742. Também fazia parte do complexo a Royal Hospital School, fundada tendo em vista os órfãos de marinheiros. A partir de 1806, foi transferida na maior parte para a Queen's House, à qual foram acrescentadas duas novas alas. O Hospital de Greenwich foi fechado em 1869 e, a partir de 1873, tornou-se o Royal Naval College, onde oficiais eram treinados. Em 1933, a Royal Hospital School se mudou para Suffolk e, quatro anos depois, a Queen's House foi reaberta ao público como parte do Museu Marítimo Nacional. Enquanto isso, Greenwich deixou de servir como residência para o Astrônomo Real em 1948. Em 1957, não tinha mais função oficial (devido à poluição, observações já não podiam ser conduzidas lá, tendo sido transferidas para Sussex). Foi então convertido em museu. Em 1998, a Marinha Real deixou Greenwich; hoje, os magníficos edifícios da faculdade encontram-se abertos ao público, além de serem usados pela Universidade de Greenwich e pelo Trinity College of Music.

Embora força naval e inovação científica fossem componentes importantes do Império Britânico que aflorou ao longo dos séculos XVII, XVIII e XIX, fatores econômicos o definiram mais do que todo o resto. Bem a propósito, a poucos metros do Old Royal Naval College fica um monumento ao passado britânico de maior potência comercial do mundo: o *Cutty Sark*, um veleiro lançado ao mar em Dumbarton, Escócia, em 1869. Na viagem inaugural, em 1870, foi a Xangai (via Cabo da Boa Esperança) perseguir os lucros da Rota do Chá. Porém, com a abertura do Canal de Suez, essa rota deixou de ser usada e o navio passou a ser empregado para transportar lã da Austrália para o Reino Unido. A substituição de embarcações a vela por navios a vapor relegou o *Cutty Sark* ao uso como navio de treinamento, até que, em 1957, foi plenamente restaurado e instalado em um dique seco de concreto. É uma lembrança viva de que, em última análise, considerações comerciais ditaram primordialmente o crescimento e a continuação do imperialismo britânico.

Cabo Trafalgar

O poder naval foi a base do Império Britânico. Permitiu o controle de importantes rotas marítimas e a defesa da pátria-mãe de invasões. Talvez a maior vitória da Marinha Real tenha sido obtida em Cabo Trafalgar, no sudoeste da Espanha. Em 27 de setembro de 1805, Horatio Nelson (1758-1805), que morreu em combate, liderou a armada numa vitória sobre uma frota franco-espanhola. Por consequência, o Reino Unido dominou os mares pelo resto das Guerras Napoleônicas, uma superioridade que continuaria século XIX adentro.

A Galeria dos Espelhos do Palácio de Versalhes

Nenhum monarca personificou mais o poder real absoluto do que Luís XIV (1638-1715) da França, o "Rei Sol", que reinou por 72 anos. O local-símbolo de sua majestade foi Versalhes, que ele transformou no mais grandioso palácio da Europa.

Luís XIV ascendeu ao trono em 1643, após a morte do pai, Luís XIII (1601-43). Tinha apenas quatro anos de idade, e isto contribuiu para a instabilidade política que atingiu a França em meados do século XVII. Entre 1648 e 1653, o país se viu envolvido nas Frondas, guerras civis entre apoiadores e opositores da centralização da autoridade real. Os monarquistas triunfariam, contribuindo para a ascensão do absolutismo. Como Luís XIV era menor de idade, o Cardeal Jules Mazarin (1602-61), italiano de nascença, atuou como regente; após sua morte, em 1661, contudo, o jovem rei passou a exercer pessoalmente o poder, dando continuidade às políticas centralizadoras de Mazarin e transformando a França na maior potência da Europa.

Na primeira parte de seu reinado, Luís XIV viajou por diferentes *châteaux* reais, bem como pelos palácios à sua disposição em Paris: o Louvre e o das Tulherias. Uma de suas metas era construir um grande palácio para sua dinastia, a Bourbon, que governava a França desde 1589. Não havia em Paris um local cujo tamanho satisfizesse suas ambições, além de a cidade ser superlotada e ter problemas de abastecimento de água. Em busca de um lugar ainda tranquilo, Luís XIV voltou a atenção para o campo e para um pequeno chalé de caça que seu pai construíra em Versalhes, a 16 km de Paris. Ele o usaria como base para o próprio palácio. Seria uma criação inteiramente sua, no intuito de refletir como ele gostaria de se expressar para seu reino e súditos. As obras teriam início em 1661 e continuariam em diversas fases até 1710 (os sucessores de Luís XIV fariam seus próprios acréscimos posteriormente).

A construção de Versalhes foi um esforço contínuo e exigiu a força de trabalho de cerca de 20 mil homens – muitos dos quais morreram de malária, em função do terreno pantanoso. Além do palácio, foram desenhados jardins de formas elaboradas, dotados de fontes, lagos artificiais, árvores artisticamente podadas e estátuas. Uma das grandes dificuldades foi assegurar que o abastecimento de água fosse suficiente; sob o terreno, há um infinito sistema de galerias e encanamentos. No auge da construção, Versalhes respondia por cerca de 4% do orçamento total do Estado francês.

A família real começou a passar mais tempo em Versalhes a partir de 1674 e se mudou para lá em 1678. A corte se estabeleceu oficialmente no local em 1682. O terreno ficava aberto em caráter permanente – qualquer um que estivesse vestido de forma apropriada podia entrar e explorar os jardins (homens precisavam portar espadas, que podiam ser alugadas nos portões). O acesso ao palácio em si e à presença da realeza já era mais difícil e exigia certo grau de intimidade. Quem tivesse acesso liberado se deparava com um espetáculo rebuscado; ao longo do palácio, motivos solares se repetiam, em um sinal de que Luís XIV esperava que sua corte e seu povo girassem em torno dele. Outro elemento recorrente da decoração era o deus grego Apolo. Havia ainda amplo espaço para festas e apresentações, e o próprio Luís XIV frequentemente dançava balé, vestido com figurinos elaborados de Sol ou imperador romano. Um dos salões mais deslumbrantes do palácio é a Galeria dos Espelhos, construída entre 1678 e 1689. Com 73 metros e dezessete espelhos (a produção destes, na época, era incrivelmente cara) posicionados de frente para o mesmo número de janelas que dão para os jardins, é a galeria mais visitada. No teto, candelabros e imagens do início do reinado de Luís XIV. Quanto às paredes, de mármore, são decoradas com estátuas e relevos. Quando o rei morreu em 1715, Versalhes era do tamanho de uma pequena cidade, com população residente de mais de 25 mil pessoas. Todas as principais esferas do governo tinham sede lá, e esperava-se de todos os membros da nobreza que frequentassem o palácio a cada ano.

Luís XIV foi sucedido pelo bisneto, Luís XV (1710-74), em cujo reinado se deu o declínio do absolutismo real. A França já não dominava mais a Europa; era desafiada por outras grandes potências, em particular a Grã-Bretanha. Quando Luís XVI (1754-93) ascendeu ao trono em 1774, as finanças governamentais estavam em estado deplorável, piorado por sua decisão de entrar formalmente na

Place de la Concorde, Paris

Em 21 de janeiro de 1793, Luís XVI foi guilhotinado depois de ser considerado culpado de alta traição. A execução ocorreu na Place de la Révolution (que antes levava o nome de Luís XV), a maior praça pública de Paris. Vários outros personagens de renome foram guilhotinados ali também, entre os quais a esposa de Luís, Maria Antonieta (1755-93), e Maximilien Robespierre (1758-94). Em 1795, como um sinal do desejo de unir a nação após o derramamento de sangue e a turbulência da Revolução, a praça foi rebatizada Place de la Concorde.

Guerra da Independência dos Estados Unidos, em 1778. Embora a França tenha ajudado os rebeldes a derrotar os ingleses, isso contribuiu para a crise financeira, e a Coroa suspendeu pagamentos a seus credores em 1788. Para tentar lidar com o problema, Luís XVI convocou uma Assembleia dos Estados Gerais, um órgão consultivo nacional. A reunião ocorreu em Versalhes, em 5 de maio de 1789. Nem o rei, nem os 1.200 delegados perceberam que ali germinariam as sementes da revolução.

Luís XVI bateu de frente com o Terceiro Estado, a Plebe, e fechou o salão onde a reunião acontecia. Em 20 de junho, uma nova assembleia ocorreu em uma quadra de tênis, sob o juramento de que não seria dissolvida até o estabelecimento de uma Constituição. Luís XVI foi forçado a reconhecer-lhe a validade. O Primeiro e o Segundo Estados se uniram ao Terceiro para formar uma Assembleia Nacional Constituinte. Luís XVI havia perdido o controle. Daquele ponto em diante, a autoridade da Coroa só fez diminuir. Em outubro, em meio à falta de comida e à inflação, uma multidão parisiense (composta principalmente por mulheres) marchou sobre Versalhes, obrigando a família real a se mudar para o Palácio das Tulherias, em Paris. Entre 1789 e 1793, o governo revolucionário se radicalizou; a França foi declarada uma república e o rei, suspeito de conluio com potências estrangeiras hostis, executado.

A França passou por guerras com os vizinhos (bem como conflitos internos), mas sobreviveu. Após o Terror (1793-94), em que milhares de "inimigos da Revolução" foram purgados, um regime mais conservador, o Diretório, assumiu o poder em 1795. Contudo, sempre foi fraco e, em 1799, acabou sendo deposto por um jovem general chamado Napoleão Bonaparte (1769-1821), que se autocoroou imperador em 1804. Durante a maior parte dos anos da Revolução e da Era Napoleônica, Versalhes permaneceu basicamente abandonado. Foi restaurado em meados do século XIX e transformado em museu, e também serviu para sediar funções administrativas de governo. Na Guerra Franco-Prussiana (1870-71), em que a França foi fragorosamente derrotada, serviu como quartel-general das forças alemãs que sitiavam Paris. Com a vitória, Guilherme I (1797-1888) foi declarado imperador de uma Alemanha unificada – um título oficialmente proclamado na Galeria dos Espelhos em 18 de janeiro de 1871.

O Império Alemão não duraria nem meio século; em 9 de novembro de 1918, às voltas com a derrota na I Guerra Mundial e com o país em polvorosa, o neto de Guilherme I, Guilherme II (1859-1941) abdicou do trono. Dois dias depois, a I Guerra terminou. As conversas de paz ocorreram no ano seguinte em Paris; os termos foram decididos de forma unilateral pelas forças vitoriosas. O Tratado de Versalhes resultante, assinado em 28 de junho de 1919 na Galeria dos Espelhos, impunha termos severos à Alemanha, como perda de territórios, reparações, desarmamento e a admissão forçada da culpa por ter iniciado o conflito. O rigor do tratado foi um dos fatores que contribuíram para a ascensão dos nazistas ao poder na Alemanha durante os anos 1930 e a eclosão da II Guerra Mundial. Versalhes, cada vez mais relegado a atração turística, sobreviveu intacto ao conflito seguinte e desde 2003 é alvo de um extenso programa de restauração.

As Planícies de Abraão

A Guerra dos Sete Anos (1756-63) foi o primeiro conflito global. Na América do Norte, a Grã-Bretanha derrotou a França, com a captura de Quebec em 1759 provando-se crucial. A vitória foi obtida graças a uma batalha travada fora da cidade, numa área de campos conhecida como as Planícies de Abraão.

França e Grã-Bretanha competiam pelo domínio imperial da América do Norte desde o fim do século XVII. A "Nova França" (que compreendia as colônias do Canadá e da Louisiana e cobria uma grande faixa do centro e do norte do continente) superava em tamanho as Treze Colônias da Inglaterra, localizadas ao longo do litoral atlântico. Porém, a população das colônias inglesas – cerca de dois milhões de pessoas – era bem maior que a das francesas, que ficava em torno de 70 mil.

Quando a Grã-Bretanha declarou guerra à França em maio de 1756, os colonos de ambos os países e seus aliados indígenas já vinham lutando havia dois anos. No início, houve várias vitórias francesas. A chegada de forças regulares britânicas para apoiar as milícias americanas e a capacidade da Marinha Real de interceptar navios franceses com reforços e suprimentos se provariam cruciais para reverter a maré da guerra. Em 1759, os britânicos contavam com 50 mil homens, enquanto os franceses só tinham 15 mil. A Grã-Bretanha lançou um ataque sobre o Canadá naquele ano. Um de seus maiores alvos era a formidável cidade-fortaleza de Quebec, situada em terreno alto, contemplando a margem norte do Rio São Lourenço.

James Wolfe (1727-59) comandava a expedição a Quebec. Tinha apenas 32 anos e era tremendamente ambicioso. Fizera lobby em Londres pela missão, que era seu primeiro posto independente de comando. Em 26 de junho, Wolfe desembarcou com uma tropa de 8.600 homens na Île d'Orléans, uma ilha no Rio São Lourenço a leste de Quebec. Quatro dias depois, cruzou o rio para sitiar Point Levi, situada na margem do lado oposto a Quebec, permitindo-lhe montar baterias que pudessem abrir fogo contra a cidade. Apesar dos intensos bombardeios e de várias incursões, não conseguiu avançar. O exército francês era comandado por Louis-Joseph de Montcalm (1712-59), um nobre algo arrogante. Encarava milícias locais com desdém, relegando-as a funções de guarda ou apoio e recusando-se a permitir que participassem junto ao exército regular. Ainda que tenha conseguido resistir ao ataque britânico inicial, seus suprimentos estavam no fim e suas tropas, em desvantagem numérica.

Em setembro, o cerco continuava. Wolfe estava mal de saúde devido a cálculos renais e a uma febre persistente (que também deixara um terço da tropa incapacitada para o combate). Começou a se desentender com os oficiais, que lhe cobravam a organização de um ataque direto a Quebec. E assim ocorreu: logo nas primeiras horas de 13 de setembro, ele desembarcou com cerca de 4.800 homens em Anse au Foulon,

A Prefeitura de Albany

Entre 19 de junho e 11 de julho de 1754, delegados de sete das treze colônias britânicas na América do Norte se reuniram no norte do Estado de Nova York, na prefeitura de Albany. Discutiram medidas para se defenderem dos franceses e alianças com as tribos da Confederação Iroquesa. Embora a proposta de Benjamin Franklin (1706-90) para a unificação do governo das Treze Colônias tenha sido rejeitada, o Congresso de Albany semeou sua associação futura durante a revolução contra o poderio britânico.

ao pé de um penhasco a cerca de 3 km dos muros ocidentais da cidade. Enquanto isso, rio acima, navios britânicos conduziam uma operação com o intuito de confundir o inimigo. Os soldados escalaram o penhasco de 53 metros de altura e, pouco depois do nascer do sol, marchavam pelas Planícies de Abraão.

Montcalm mandou 4 mil soldados às pressas para o confronto, sem esperar por reforços. Com a falta de homens, misturou milícias locais relativamente inexperientes ao exército regular. A batalha teve início às 10 da manhã. Sem a devida coordenação, os franceses dispararam cedo demais contra as linhas britânicas. Estes aguentaram firmes, esperando os inimigos chegarem a uma distância de 40 metros. Foi quando lançaram uma disciplinada e devastadora saraivada de tiros de mosquete, que rompeu as linhas francesas e forçou o recuo. Em meia hora, a batalha foi vencida. Enquanto incentivava seus homens, Wolfe tomou tiros no abdômen e no peito. Os ferimentos seriam fatais, mas ele manteve a consciência por tempo suficiente para saber que os franceses haviam sido derrotados. Enquanto cavalgava de volta para Quebec, Montcalm levou um tiro nas costas e morreu no dia seguinte.

Com a morte do comandante em chefe francês, os britânicos se entrincheiraram em vez de montar uma ofensiva sobre Quebec. A superioridade de sua posição levou Quebec a se render em 18 de setembro. Em abril do ano seguinte, os franceses tentaram retomar a cidade. Embora tenham vencido uma batalha, também lutada nas Planícies de Abraão, os britânicos conseguiram se refugiar atrás dos muros de Quebec. Sem poder de fogo para tomá-la, os franceses foram forçados a bater em retirada em 15 de maio, quando informados de que reforços estavam a caminho para os britânicos. Em setembro, a Grã-Bretanha tomou Montreal, última grande cidade em mãos francesas.

A Guerra dos Sete Anos terminou em 1763. Sob os termos do Tratado de Paris, a França cedeu o Canadá à Grã-Bretanha, enquanto a Louisiana foi entregue aos espanhóis (que cederam a Flórida aos britânicos). De território francês, só restaram as minúsculas ilhas de Saint Pierre e Miquelon, ao largo da costa da Terra Nova, que lhes foi permitido manter como refúgio para seus pescadores poderem continuar a trabalhar na região. As ilhas são hoje território semiautônomo da França. Após mais de um século sob controle britânico, em 1867, as províncias canadenses se uniram em uma federação autônoma batizada de Domínio do Canadá. O país se tornou independente em 1931. A influência francesa continuou forte, e o Canadá é oficialmente bilíngue. As Planícies de Abraão são hoje um parque público em Quebec.

Embora os britânicos tenham vencido, os custos da guerra pesaram muito sobre o governo, assim como continuar a defender as Treze Colônias após o fim do conflito. Quando o governo britânico tentou impor taxas às colônias americanas para custear suas despesas militares, exacerbou a raiva da população local, desencadeando o que viria a ser a Guerra da Independência dos Estados Unidos, em 1775.

7

A Era das Revoluções

Bois Caïman

O tráfico transatlântico de escravizados aprisionou e despachou para as Américas milhões de seres humanos. A resistência foi generalizada, na forma de sabotagens ou fugas. Além disso, houve levantes frequentes de pessoas escravizadas, nenhum deles maior ou mais bem-sucedido que o ocorrido em Saint-Domingue, posteriormente conhecido como Haiti.

Hispaniola é a segunda maior ilha das Índias Ocidentais, depois de Cuba. O lado ocidental era uma colônia francesa conhecida como Saint-Domingue desde que a França a tomara dos espanhóis (que mantiveram controle do lado oriental, San Domingo) em meados do século XVII. Tornou-se a mais lucrativa colônia da França devido aos escravizados que trabalhavam em seus canaviais, cafezais, algodoais e plantações de indigófera e cacau. Ao final do século XVIII, havia cerca de 500 mil escravizados na colônia, cuja população de europeus era de cerca de 40 mil (havia ainda alguns negros livres, que costumavam ser contratados para funções de patrulha e milícia). As condições de vida nas plantações eram das piores em todo o Caribe, com a aplicação de punições brutais. No fim do século XVIII e início do XIX, Saint-Domingue foi enredada no conflito que se espalhava pela Europa como resultado da Revolução Francesa. Ressoavam na metrópole os conceitos revolucionários de liberdade e independência. A Assembleia Nacional, em 1790, conferira plenos direitos civis a negros livres donos de propriedades, caso ambos os pais fossem livres. Muitos brancos em Saint-Domingue se opunham a tal medida, que criava tensões significativas nos planos racial e ideológico.

Na noite de 21 de agosto de 1791, eclodiu no norte de Saint-Domingue uma massiva revolta, que acabaria por transformar o equilíbrio de poder na colônia. Fora organizada em segredo por um grupo de escravizados de várias plantações na área. A recente agitação política lhes permitira planejar tudo sem serem descobertos. Os planos foram feitos uma semana antes da insurreição durante um encontro no meio da noite em uma área de mata chamada Bois Caïman. Uma cerimônia de vodu foi realizada na ocasião, com o sacrifício de um porco negro. Ao fim de agosto, mais de mil plantações haviam sido queimadas (canaviais eram particularmente inflamáveis) e cerca de 2 mil europeus, mortos. Embora a revolta tenha se atido basicamente às planícies ao norte de Saint-Domingue, ainda assim era a maior que o Caribe já vira. Em 1792, o líder revolucionário francês Léger-Félicité Sonthonax (1763-1813) chegou com 7 mil soldados para restaurar a ordem. Sob o seu comando, forças governamentais recuperaram o controle, fazendo os líderes da revolta fugirem para assentamentos nas montanhas. Apesar do revés, o levante planejado em Bois Caïman seria o catalisador de um outro, muito mais amplo, cujas repercussões para Saint-Domingue se mostrariam duradouras.

Um dos líderes da revolta foi Toussaint Bréda (1743-1803), que nasceu cativo, mas ganhou sua alforria por volta dos 25 anos de idade. Homem instruído, acabaria por ter sua própria fazenda. Decidiu aderir à revolta adotando um novo sobrenome, Louverture ("Abertura"), sinalizando que pretendia trazer liberdade a Saint--Domingue. Louverture assumiu o controle do exército insurgente e continuou a lutar contra os franceses. Tinha o apoio dos espanhóis, uma das muitas potências europeias que desejavam derrubar o regime revolucionário da França. Em maio de 1794, o governo francês aboliu formalmente a escravidão. Ao ser informado, Louverture passou a apoiar a França. Em 1795, a Espanha selaria a paz com a França, cedendo-lhe o controle total de Hispaniola. Forças britânicas invadiram Saint-Domingue em 1797; Louverture recebeu o comando das tropas encarregadas da resistência e forçou os britânicos a recuarem em 1798. Passou então os três anos seguintes a consolidar o controle de Saint-Domingue, derrotando rivais domésticos.

Palmares

Dos séculos XVI a XIX, mais africanos escravizados foram enviados para o Brasil do que para qualquer outro lugar. Milhares fugiram das fazendas para formar suas próprias comunidades, conhecidas como quilombos. A partir de 1605, vários quilombos no Nordeste do Brasil se juntaram para formar uma só comunidade, chamada Palmares. Ao fim do século XVII, sua população ultrapassava 20 mil, sob o governo de um chefe eleito, chamado Zumbi (1655-95). Palmares resistiu a uma série de tentativas dos portugueses de subjugar o quilombo, até ser finalmente derrotada em 1694. A escravidão persistiria no Brasil até 1888.

Com sua autoridade incontestada, em 1801 Louverture editou uma Constituição para Saint-Domingue – exigia autonomia, soberania popular, igualdade perante a lei para todos e abolição permanente da escravidão, além de nomeá-lo governador vitalício. Tal demonstração de poder foi excessiva para o novo líder da França, Napoleão, que despachou seu cunhado Charles Leclerc (1772-1802) para Saint-Domingue com mais de 10 mil homens, com o intuito de recuperar o controle da colônia e também restaurar a escravidão. Após o desembarque da expedição francesa em fevereiro de 1802, Louverture percebeu que, de tão numerosa, ele não teria como derrotá-la, refugiando-se então no interior montanhoso. O combate só lhe trouxe dissabores e, no espaço de três meses, muitos de seus generais já haviam se rendido. Em maio, vendo que a posição era insustentável, Louverture se entregou aos franceses em troca de perdão, com garantias de que seria deixado em paz. Eles não cumpriram a palavra, prenderam-no e levaram-no para a França, onde foi encarcerado em um château na Cordilheira do Jura. Morreu lá em 7 de abril de 1803.

Com Louverture morto, seu Lugar-tenente Jean-Jacques Dessalines (1758-1806) assumiu o controle das forças que continuavam a lutar contra os franceses, cujas tropas perdiam homens rapidamente para doenças tropicais, como a febre amarela (que matou Leclerc em novembro de 1802). Ainda assim, os combates ferrenhos prosseguiram e o número de mortos disparou. Em 30 de novembro de 1803, os franceses, depauperados, se renderam a Dessalines. Em 1º de janeiro de 1804, ele proclamou a independência do Haiti, adotando o nome que os indígenas aruaques davam à ilha como símbolo da ruptura com o poderio europeu e estabelecendo a primeira república negra do mundo. A França, contudo, só reconheceria formalmente a independência do Haiti em 1825, e tão somente em troca de uma polpuda indenização que abalou as finanças do Estado nascente, já desequilibradas por anos de derramamento de sangue. O Haiti continuou a penar na busca por prosperidade e estabilidade, além de ser frequentemente assolado por desastres naturais e conflitos civis. Ainda assim, ocupa posição de destaque nos anais da liberdade como o único lugar em que escravizados conseguiram se livrar das próprias correntes e construir para si uma nação independente.

Clapham

Nos séculos XVIII e XIX, o movimento abolicionista transformou-se em campanha global contra a escravidão. Um dos grupos mais influentes foi a Seita de Clapham, cristãos envolvidos em uma ampla gama de reformas sociais que se reuniam no subúrbio londrino de Clapham. Um de seus membros mais proeminentes foi William Wilberforce (1759-1833). Ele ajudou a instituir a legislação que proibiu o tráfico de escravizados no Império Britânico em 1807 e aboliu a escravidão (com algumas exceções) em 1833.

A Wilhelmstrasse

Berlim teve papel importantíssimo na História da Europa, e consequentemente do mundo todo, tendo sido a cidade o centro do poderio prussiano e depois do alemão. A partir do fim do século XIX, a Wilhelmstrasse sediou os mais importantes prédios oficiais, e seu nome não demoraria a virar sinônimo de governo central.

Berlim foi fundada no início do século XIII, tornando-se parte de Brandemburgo, um Estado do Sacro Império Romano-Germânico (uma colcha de retalhos de territórios distintos que compreendiam a atual Alemanha e partes de países ao redor), localizado onde hoje se encontram o leste da Alemanha e o oeste da Polônia. Em 1411, Brandemburgo passou a ser controlado pela família Hohenzollern, que fez de Berlim sua capital. Durante meados do século XVI, como muitos outros governantes alemães, os Hohenzollern se converteram ao luteranismo. O lado da família radicado em Brandemburgo aumentou o seu território ao herdar a coroa da Prússia, um Estado a leste, em 1618.

No início do século XVIII, Berlim já havia se tornado uma grande cidade. Sob o reinado de Frederico Guilherme I (1688-1740), novas ruas foram planejadas, incluindo a Husarenstrasse, que após sua morte foi rebatizada Wilhelmstrasse* em sua homenagem. O homem que transformou a Prússia na maior potência da Alemanha foi Frederico II, o Grande (1712-86), gênio militar em cujo reinado de longos 46 anos o território aumentou de forma exponencial. Filho do Iluminismo, foi também um grande patrono das artes e da educação, tendo mandado construir em Berlim um teatro de ópera, uma biblioteca e uma academia científica.

Durante o século XIX, Berlim, como o resto da Prússia, abraçou a industrialização e virou um dos grandes centros de produção da Europa. A Wilhelmstrasse, até então uma área residencial de gente rica, virou o centro do governo prussiano. Em 1871, Guilherme I da Prússia (1797-1888) tornou-se o kaiser do Império Alemão, unindo sob sua liderança os vários Estados alemães. O arquiteto desse processo foi o estadista prussiano Otto von Bismarck (1815-98), que se tornou o primeiro chanceler do Império Alemão. Ele montou seu gabinete numa residência nobre em estilo rococó na Wilhelmstrasse (o Departamento de Relações Exteriores funcionava na porta ao lado). A Chancelaria do Reich sediou várias reuniões internacionais, entre elas o Congresso de Berlim de 1878, em que grandes potências da Europa se encontraram para redesenhar o mapa dos Bálcãs e estabelecer nações independentes na região à luz do declínio do poderio otomano. Em 1884-85, ocorreu, na Chancelaria do Reich, a Conferência de Berlim, na qual

* Friedrich Wilhelm é o nome de batismo do rei que, no Brasil, convencionou-se chamar Frederico Guilherme, seguindo o padrão de aportuguesamento de nomes observado historicamente. (N. T.)

treze nações europeias (e os Estados Unidos) determinaram unilateralmente como dividiriam entre si o território africano.

O Império Alemão desmoronou em 1918, por consequência da iminente derrota na I Guerra Mundial. Em 9 de novembro daquele ano, o último kaiser, Guilherme II (1859-1941), abdicou do trono, e a Alemanha virou uma república parlamentarista democrática. Embora Berlim fosse oficialmente a capital, os combates travados na cidade levaram os debates sobre a Constituição para a cidade de Weimar. A assim chamada República de Weimar sofreu com a discórdia política e com os problemas econômicos. Em 1933, Adolf Hitler (1889-1945), líder do Partido Nazista, de orientação fascista, tornou-se chanceler à frente de uma coalizão governamental. Hitler e os nazistas tomaram então o poder por completo, declararam-se o único partido legal e perseguiram com monstruosa violência não só seus oponentes políticos, mas principalmente a população judaica da Alemanha.

O Castelo de Wartburg

Projetando-se sobre a cidade de Eisenach, o castelo de Wartburg data de meados do século XI e, em 1485, estava sob a autoridade do Ducado da Saxônia. Wartburg teve um papel central na vida de Martinho Lutero (1483-1546), que, em 1521, fora excomungado e marginalizado por suas críticas à Igreja Católica. Frederico III da Saxônia (1463-1525), que acreditava que Lutero fora injustiçado, abrigou-o em Wartburg por quase um ano. Foi lá que Lutero deu início à sua tradução do Novo Testamento para o alemão e escreveu vários panfletos religiosos. Mais tarde, teria papel crucial no surgimento da Reforma Protestante.

Hitler queria fazer de Berlim uma capital imperial, movimento condizente com seus planos expansionistas para o Terceiro Reich. Julgava a Antiga Chancelaria do Reich muito desenxabida e encomendou a seu arquiteto favorito, Albert Speer (1905-81), o projeto de um novo prédio para a sede de seu governo. A obra foi terminada em 1938 e refletia o autoritarismo severo do nazismo (nas proximidades foi erguida uma outra novidade, o prédio do Ministério da Aviação). Um dos locais mais importantes da Wilhelmstrasse se encontrava debaixo dela: o Führerbunker. A construção teve início em 1936, e ele foi inteiramente reconstruído em 1944. Fazia parte de um extenso complexo subterrâneo para uso de autoridades e políticos que comandavam a Alemanha. O bunker pessoal de Hitler ficava a 10 metros de profundidade, protegido por três metros de concreto e coberto por lajes de granito e malha de aço, podendo resistir até mesmo a um ataque direto. A entrada se dava por uma escadaria em espiral bloqueada por enormes portas de aço e protegida por homens da guarda pessoal do Führer, a Leibstandarte SS Adolf Hitler. Dentro do Führerbunker havia dezoito aposentos, porém apertados, totalizando 550 m^2, com gerador e bomba próprios para garantir o abastecimento de luz e água. O sistema de ventilação era incrivelmente ruidoso, mas, se fosse desligado, o calor dentro do bunker tornava-se insuportável.

Em 1945, os Aliados fechavam o cerco sobre a Alemanha de ambos os lados. Com a inevitabilidade da derrota, Hitler recolheu-se a seu bunker em um estado de residência quase permanente. Sua última aparição pública foi em 20 de abril, para conferir medalhas a recrutas juvenis, premiados pela inútil tentativa de barrar o avanço das tropas soviéticas. Berlim, àquela altura, estava em ruínas, reduzida a escombros pelos bombardeios dos Aliados e pela artilharia dos soviéticos, que avançavam por terra. No dia 30 de abril, decidido a não ser capturado, Hitler cometeu suicídio no bunker. A rendição alemã foi oficializada em 8 de maio, encerrando a II Guerra Mundial na Europa. Na Batalha de Berlim, morreram 304 mil soviéticos, enquanto as perdas militares alemãs podem ter passado de um milhão. Pelo menos 100 mil civis foram mortos no conflito. Os prédios da Wilhelmstrasse ficaram em ruínas; depois da guerra, muitos dos que não haviam ainda sido reduzidos a pó foram demolidos para evitar que virassem santuários para os simpatizantes do nazismo.

Depois da guerra, Berlim, assim como a Alemanha, foi dividida. Berlim Ocidental, que fora a zona de ocupação americana, britânica e francesa, tornou-se um enclave no interior do Estado comunista da Alemanha Oriental. O símbolo da divisão era o Muro de Berlim, erguido em 1961 pelos alemães orientais e que cortava a Wilhelmstrasse. Como a maior parte da via pública ficou do lado oriental e as autoridades não queriam construir prédios governamentais numa rua tão associada ao fascismo, muito do antigo status da Wilhelmstrasse se perdeu. Berlim e a famosa rua só seriam unificadas em 1989, quando o Muro caiu no bojo do colapso continental de regimes comunistas; no ano seguinte, as Alemanhas Oriental e Ocidental foram formalmente reunificadas.

Os Moinhos de New Lanark

A Revolução Industrial transformou a atividade fabril e alterou sociedades e economias em todo o mundo de maneira crucial. Isso teve início na Grã-Bretanha do século XVIII, quando surgiram as primeiras fábricas de verdade. Os moinhos de New Lanark, na Escócia, foram pioneiros nesse processo.

A primeira fábrica moderna foi o moinho de Cromford, em Derbyshire, posto em funcionamento em 1771. Como muitos casos de inovações na mecanização da produção durante esse período, seu foco era a fabricação têxtil. O fundador foi Richard Arkwright (1732-92), um ex-fabricante de perucas que havia inventado a máquina de fiar hidráulica, capaz de produzir fios de algodão consistentes. Por ser movida por uma roda-d'água, era inadequada para uso doméstico e tinha que ser instalada em uma fábrica. Arkwright foi extremamente bem-sucedido, empregando centenas de trabalhadores e abrindo um segundo moinho nas proximidades, cinco anos depois. Ao longo do restante do século XVIII e de todo o XIX, a produção têxtil tornou-se plenamente mecanizada e, de maneira geral, foi realocada em fábricas, padrão que se repetiu em muitas outras indústrias. Enormes ganhos de produtividade se seguiram, bem como uma forte migração da população de áreas rurais para cidades de porte médio e grande.

Em 1783, Arkwright foi convidado pelo empreendedor escocês David Dale (1739-1806) para inspecionar o local de uma possível nova fábrica próxima à cidade de Lanark, às margens do Rio Clyde. Eles e o banqueiro George Dempster (1732-1818) formaram uma parceria, e, em menos de um ano, as obras já haviam começado num terreno que chamaram de New Lanark. Ficava num trecho onde o Clyde passava por um desfiladeiro estreito, possibilitando que suas águas fizessem girar rodas que transformariam o algodão cru em fios (o abastecimento seria regulado pela construção de uma represa, túneis e canais). Dale desfez a sociedade em 1785 e continuou a administrar a fábrica como seu único proprietário;

o primeiro moinho entrou em operação em 1786 e um segundo começou a ser montado em 1788. Em 1793, mais de 1.100 pessoas já trabalhavam em New Lanark, que havia se tornado uma próspera comunidade planejada. Inicialmente, apenas um terço dos residentes eram adultos; como era comum em fábricas no século XVIII, utilizavam-se crianças e adolescentes como força de trabalho (muitos eram órfãos de Glasgow ou Edimburgo, ou migrantes das Highlands). O dia de trabalho começava às seis da manhã e ia até sete da noite; contudo, crianças tinham duas horas de aula por dia.

New Lanark atraía muitos visitantes, entre os quais Robert Owen (1771-1858), empresário galês que, em 1798, administrava um próspero moinho de algodão em Manchester. Em sua passagem pela Escócia, Owen se apaixonou por Caroline, a filha de Dale, e casaram-se em 1799. À frente de uma sociedade que comprou New Lanark do sogro por 60 mil libras, ele assumiu o negócio no Dia de Ano-Novo de 1800. Aumentou a carga de trabalho diária para catorze horas. Acima da estação de trabalho de cada pessoa havia um pedaço de madeira denominado "monitor" – cada lado tinha uma cor diferente para retratar a conduta do operário na véspera (preto significava má; azul, indiferente; amarelo, boa; e branco, excelente). O histórico

A Indústria de Processamento de Carne
Swift & Company, Chicago

A moderna produção em massa é pautada pelo processo de linha de montagem. A partir do século XIX, fábricas começaram a ser concebidas com base na filosofia de manufatura sequencial, em que cada estação de trabalho acrescentava um novo componente. Um célebre símbolo desse modelo de produção é a fábrica da Ford em Highland Park, Michigan, que, em 1913, adquiriu a capacidade de construir um Modelo T em duas horas e meia. Seus projetistas se inspiraram na visita a uma fábrica de processamento de carne em Chicago, onde um sistema de esteira rolante transportava carcaças de animais enfileiradas para serem destrinchadas. Cada operário removia sempre os mesmos cortes.

ficava registrado em “livros contábeis de caráter”, que monitoravam a performance de cada um ao longo do tempo. Owen tomou medidas para melhorar a vida das pessoas de New Lanark, onde as condições anteriores de moradia eram precárias. Contratou vigias para patrulhar as ruas à caça de bêbados, criou um fundo de saúde para os operários e construiu uma mercearia, onde se podia comprar mantimentos praticamente a preço de custo.

Embora New Lanark continuasse de vento em popa, alguns dos sócios de Owen defendiam que ele priorizasse o lucro e abandonasse seus planos de melhorar a vida dos empregados. Essa era a atitude que prevalecia na maioria das fábricas surgidas na Europa e na América do Norte, onde as condições eram costumeiramente perigosas, insalubres e cruéis. Em 1813, atraindo investidores que concordassem com a sua política, Owen reconfigurou a sociedade. Ele acabaria por reduzir a jornada de trabalho diária a oito horas e, em 1816, inaugurou a Nova Instituição para Formação de Caráter na praça central de New Lanark. Tratava-se de uma escola na qual as crianças entravam com um ano e meio de vida e só saíam com pelo menos dez. Além da educação básica, também tinham aulas de canto e dança; o prédio permanecia aberto à noite para crianças mais velhas e adolescentes poderem ter aulas. Reformistas sociais e educadores afluíam para New Lanark – até o futuro Imperador Nicolau I da Rússia (1796-1855) visitou o local.

A partir de 1817, Owen começou a fazer propostas ambiciosas de reforma social. Usando New Lanark como modelo, ele propôs comunidades autônomas de 1.200 pessoas, nas quais os habitantes morariam, trabalhariam e criariam seus filhos de forma comunal. Ampliando o conceito, anteviu uma sociedade socialista baseada na cooperação e na busca do bem comum. Para pôr em prática seus planos, Owen migrou para os Estados Unidos em 1824, vendendo New Lanark no ano seguinte. Comprou terras em Indiana e criou a comunidade de New Harmony. Seus planos utópicos naufragaram sob o estresse de conflitos internos, e Owen foi embora em 1827, carregando um prejuízo de 40 mil libras (80% de sua fortuna). Ainda que comunidades ao seu estilo tenham pipocado nos Estados Unidos, Canadá, Irlanda e Reino Unido, nenhuma durou muito. Owen retornou à terra natal, onde defendeu reformas sociais e o sindicalismo até morrer.

New Lanark continuou ativa. Os motores a vapor, criados por James Watt (1736-1819) e Matthew Boulton (1728-1809), ficavam cada vez mais eficientes, diminuindo a necessidade de instalar fábricas às margens de rios para se valer de rodas-d'água. Em pouco tempo, a produtividade da energia a vapor superava a de rodas-d'água. Na década de 1880, o maquinário a vapor foi introduzido em New Lanark, ainda que rodas-d'água tenham continuado a operar até 1929. Àquela altura, o Reino Unido já não era a oficina do mundo, e a reputação de sua indústria havia diminuído tremendamente. Em setembro de 1967, foi anunciado o fechamento de New Lanark, concretizado em março do ano seguinte. A fábrica ficou entregue às moscas, mas uma organização beneficente local salvou-a da destruição total. Hoje, na condição de Patrimônio da Humanidade conferida pela UNESCO em 1995, ela se mantém de pé como um monumento ao papel crucial que a Grã-Bretanha teve na Revolução Industrial.

A Universidade de Glasgow

Em 1712, Thomas Newcomen (1664-1729) inventou um motor a vapor que bombeava água e foi implementado em minas pela Grã-Bretanha. Gastava muito combustível, e seu movimento era impreciso demais para mover o maquinário. James Watt, que trabalhava na Universidade de Glasgow consertando e produzindo instrumentos científicos, foi quem de fato dominou a técnica do motor a vapor. Em 1763 Watt começou a aperfeiçoar um modelo do motor de Newcomen que a universidade possuía. Foi a base do novo motor, desenvolvido em colaboração com seu sócio, Matthew Boulton, introduzido em 1775 e importante na ampliação do uso da energia a vapor, em particular na atividade industrial.

Angostura

Poucos personagens tiveram impacto mais decisivo na história de um continente do que Simón Bolívar (1783-1830) na América do Sul. Foi o líder da guerra revolucionária contra o poder colonial espanhol na primeira metade do século XIX.

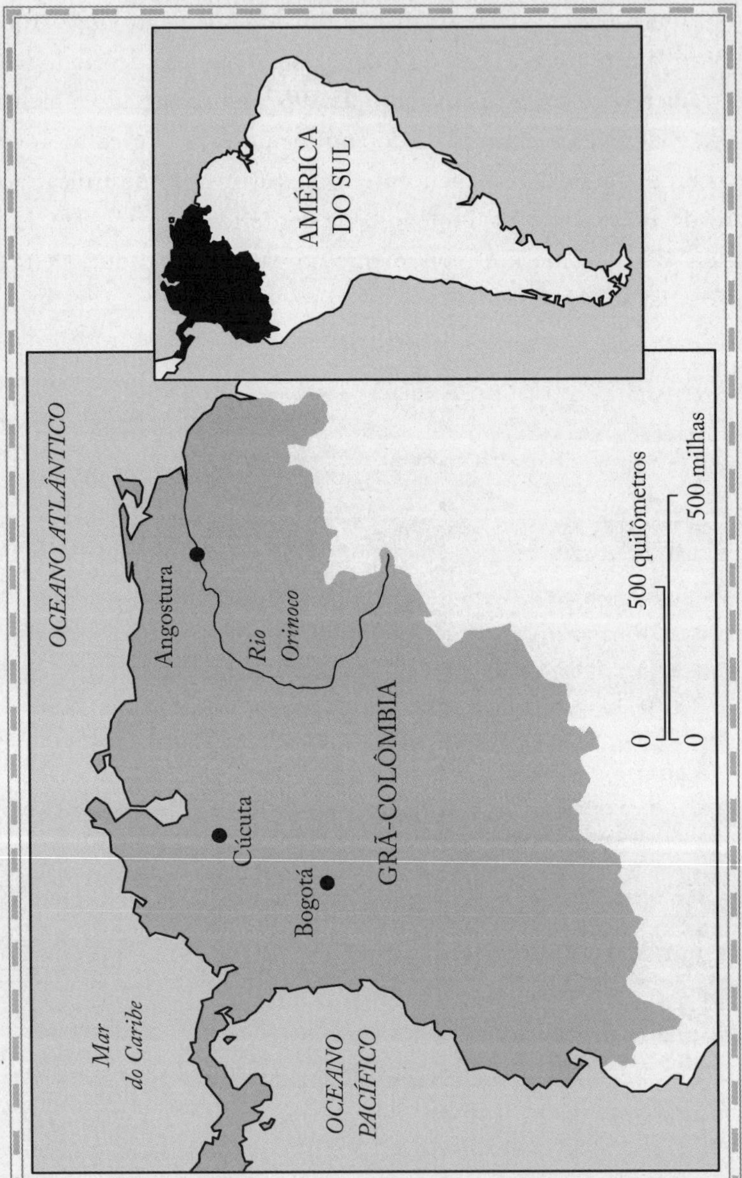

Grã-Colômbia, 1819-31.

Seus ambiciosos planos de independência foram esmiuçados em Angostura, cidade às margens do Rio Orinoco, na região nordeste da Venezuela.

No início do século XIX, o poder imperial espanhol estava em declínio. Envolvido nas Guerras Napoleônicas, o país via sua autoridade sobre as colônias ultramarinas se fragmentar, em particular nas Américas. A partir de 1808, diversos agrupamentos locais chamados *juntas* declararam independência e estabeleceram governos autônomos. Os súditos leais à Coroa Espanhola ainda eram muitos, e o confronto aberto com as forças pró-independência eclodiu em 1810. No México e na América Central, o conflito durou até 1821. O rompimento com o poder colonial europeu também ocorreria no Brasil. Em 1822, Dom Pedro I (1798-1834), filho do rei de Portugal, proclamou a independência do Brasil e, após uma breve guerra, foi declarado imperador. Seu filho e sucessor, Dom Pedro II (1825-91), comandaria um regime basicamente forte, estável e constitucional até ser deposto em 1889 por um golpe militar que levou à queda da monarquia e ao estabelecimento de um governo republicano.

O processo de libertação nacional demorou mais na América do Sul espanhola. Bolívar nasceu em Caracas, numa rica família aristocrática, e, ao passar muitos anos na Europa, se convenceu de que o poderio espanhol precisava acabar. Teve papel central na declaração da independência da Venezuela em 1811, mas não conseguiu impedir que a Espanha retomasse o controle do país no ano seguinte. Fugiu para Nova Granada (a atual Colômbia) e, em 1813, comandou uma expedição à Venezuela e expulsou os espanhóis, declarando-se presidente. Seu triunfo não duraria muito; Bolívar teve dificuldades para obter a lealdade da nação e foi forçado a se exilar na Jamaica em 1814, depois de ser derrotado pelos espanhóis.

Bolívar retornou à Venezuela em 1816. No ano seguinte, suas forças tomaram Angostura, uma cidade fundada cinco décadas antes como entreposto comercial entre a costa e o interior. O lugar foi transformado em base para organizar a nova república e planejar a libertação total da Venezuela (a cidade ainda se tornaria célebre por causa de um tônico desenvolvido a partir da casca de árvores locais por um cirurgião prussiano membro do exército de Bolívar, propagandeado como *bitter** de Angostura). A tomada da cidade foi comandada pelo General Manuel Piar (1774-1817), destituído de seu posto ao entrar em conflito com Bolívar.

* *Bitters* são bebidas alcoólicas com sabor de essências herbais, que costuma ser agridoce ou até mesmo amargo, comercializadas no passado como se tivessem propriedades curativas. (N. T.)

Quando ficou claro que Piar poderia vir a constituir uma ameaça, Bolívar decidiu fazer dele um exemplo para estabelecer sua autoridade. Em outubro de 1817, Piar foi convocado a comparecer a Angostura para ser julgado por insubordinação, sedição, conspiração e deserção. Foi considerado culpado de todas as acusações. Bolívar assinou o mandado e Piar foi executado na praça central por um pelotão de fuzilamento, abrindo a capa para exibir o peito e gritando *"Viva la Patria!"* enquanto balas perfuravam seu corpo.

Ainda em Angostura, Bolívar inaugurou, no dia 15 de fevereiro de 1819, um congresso de 26 delegados que lutavam pela independência da Venezuela e de Nova Granada. Discursou expondo sua visão para o futuro, ressaltando a importância da unidade e da centralização. Na primavera, liderou uma ousada invasão de Nova Granada. Suas forças avançaram por planícies, lagos e montanhas, pegaram os espanhóis de surpresa e os venceram em 7 de agosto na Batalha de Boyacá. Assim foi assegurada a independência do norte da América do Sul. Bolívar voltou então a Angostura, onde, em 17 de dezembro, graças à sua influência, o Congresso declarou a união da Venezuela e de Nova Granada na República da Colômbia.

Para diferenciá-la do país atual de mesmo nome, a federação viria a se tornar conhecida como Grã-Colômbia. Concretizada a emancipação da Venezuela, Bolívar continuou a fazer campanha contra os espanhóis e a expandir a Grã-Colômbia, incluindo os atuais Equador e Panamá, além de partes do Brasil, da Guiana e do Peru.

O debate a respeito da Constituição da Grã-Colômbia foi transferido para a cidade de Cúcuta, onde um congresso se reuniu entre 6 de maio e 14 de outubro de 1821. Criou um Estado centralizado, com Bogotá como capital e uma Presidência com fortes poderes – cargo devidamente ocupado por Bolívar. A escravidão também foi abolida. Enquanto isso, no sul do continente, a luta era encabeçada por José de San Martín (1778-1850), que conduziu as Províncias Unidas do Rio da Prata (incluindo grande parte dos atuais Argentina, Bolívia e Uruguai) à independência em 1818. No mesmo ano, com assistência de San Martín, o Chile se tornou independente.

Apesar de ser líder do vasto território da Grã-Colômbia, Bolívar ainda desejava obter a independência de toda a América do Sul. Entre 1824 e 25, em conjunto com San Martín, Bolívar deu sequência a suas atividades, ajudando o Peru e a Bolívia a se tornarem independentes (este último país foi batizado em sua homenagem).

O Porto de Havana

Em meados do século XIX, as únicas possessões espanholas remanescentes nas Américas eram Porto Rico e Cuba. Em 1868-78 e 1879-80, rebeldes cubanos lutaram pela independência. A guerra estouraria novamente em 1895. O conflito teve uma reviravolta em janeiro de 1898, quando os Estados Unidos (onde a opinião pública pendia para os rebeldes) enviaram o cruzador blindado USS *Maine* ao Porto de Havana para garantir a segurança dos cidadãos americanos na cidade. O navio explodiu e afundou no mês seguinte; a causa exata é desconhecida até hoje. Independentemente disso, o ato levou a uma declaração de guerra dos americanos à Espanha, que se rendeu em agosto. Porto Rico (assim como Guam e as Filipinas) foi entregue aos Estados Unidos, enquanto Cuba se tornou independente.

Enquanto continuava sua campanha, a Grã-Colômbia se tornava cada vez mais instável. Seu retorno de pouco adiantou para apaziguar as tensões internas que assolavam a nação. Em abril de 1830, quando ficou claro que a república que ajudara a fundar estava a ponto de se desfazer, Bolívar renunciou à Presidência. Morreu de tuberculose sete meses depois. Em mais um ano, a Grã-Colômbia foi dissolvida. Em sua homenagem, Angostura seria rebatizada em 1846, passando a se chamar Ciudad Bolívar. Belo tributo, sem dúvida, mas o homem, com certeza, teria preferido a sobrevivência de uma América do Sul unida e independente.

As Colinas Negras

Situadas em meio às planícies entre o nordeste do Wyoming e o oeste da Dakota do Sul estão as encostas florestadas, os picos e os vales das Colinas Negras. Sagradas para uma série de povos originários americanos, sua história revela a violência e a perfídia a que tais populações têm sido frequentemente submetidas.

Em torno do ano 28000, temperaturas globais em queda haviam criado uma ponte entre a Ásia e as Américas que continuaria a existir até mais ou menos o ano 14000. Tal ponte permitiu que grupos de caçadores-coletores da Ásia migrassem para as Américas e se estabelecessem no continente. Os povos indígenas da América do Norte deram origem a uma variedade de culturas. Alguns adotaram a agricultura sedentária, ao passo que outros eram nômades. Mais de cinquenta famílias linguísticas nasceram lá.

Europeus começaram a colonizar a América do Norte *pra valer* em meados do século XVI – a chegada foi desastrosa para a população indígena. Trouxeram consigo doenças às quais os nativos não tinham imunidade, e violência era algo bem comum. À medida que chegavam mais e mais colonos europeus, os povos originários se viam forçados a deixar suas terras ancestrais. Muitos grupos indígenas, frequentemente jogados uns contra os outros, se aliaram aos manipuladores poderes europeus. Em meados do século XVIII, no entanto, os britânicos enfim asseguraram o domínio colonial da América do Norte, e tal opção deixou de existir. Quando os Estados Unidos obtiveram a independência em 1783, o país adotou uma política de longo prazo de expansão para o oeste. Em 1830, o Ato de Remoção dos Índios deu ao presidente o poder de desalojar indígenas de suas terras. No sudeste dos Estados Unidos, por consequência, cerca de 100 mil nativos foram removidos à força e transportados para o oeste em condições brutais e desumanas; cerca de 15% morreriam na "Trilha das Lágrimas", como ficou conhecida a criminosa remoção.

Em 1848, os Estados Unidos forçaram o México a ceder seus territórios ao norte do Rio Grande; naquele ano, encontrou-se ouro na Califórnia. Isso desencadeou uma corrida do ouro, que levou milhares de colonos para o oeste, perturbando os territórios de caça por onde passavam. Na tentativa de manter a paz, o governo dos Estados Unidos fez uma série de acordos com os indígenas, demarcando suas terras. Por exemplo, em 1868, os direitos sobre as Colinas Negras foram dados aos sioux e aos arapaho sob os termos do Segundo Tratado de Fort Laramie. Contudo, em poucos anos esse acordo seria colocado em questão.

George Armstrong Custer (1839-76) havia lutado em nome da União durante a Guerra Civil Americana como oficial de cavalaria, atraindo atenção pela bravura, pela aparência espalhafatosa (preferia manter longo o comprimento de seus cabelos louros e usava uma série de uniformes personalizados) e por ter sido promovido a

O Cânion do Chaco

No sudoeste dos Estados Unidos, a população nativa erguia estruturas de pedra e adobe (um material de construção feito de terra, água e materiais orgânicos, como palha). Geralmente eram habitações com vários andares, com escadas para acesso aos andares de baixo, fornecendo proteção aos moradores. Colonos espanhóis chamavam tais povoados de *pueblos*, que em sua língua quer dizer cidades ou povoados – muitos abrigavam centenas de pessoas. Uma das maiores concentrações ficava no Cânion do Chaco, no Novo México, onde havia vários complexos do tipo e que foi um grande centro cerimonial e econômico entre 850 e 1250, quando foi abandonado devido à seca.

general de brigada com apenas 23 anos. Quando a paz se instalou, foi rebaixado porque o exército diminuiu de tamanho. Tomou parte em várias expedições punitivas contra os Índios das Planícies do Kansas e, em 1868, comandou o massacre de um acampamento cheyenne (incluindo idosos, mulheres e crianças) na "Batalha" do Rio Washita. Em 1874, Custer liderou uma expedição para confirmar relatos que davam conta da existência de enormes jazidas de ouro nas Colinas Negras. Ao anunciar que sim, havia ouro por lá, gerou uma grande corrida para essa área remota. Apesar das proteções que garantia, o tratado foi ignorado e apareceram centenas de garimpeiros sedentos pelo metal.

O governo dos EUA revogou por completo a promessa anterior e, no fim de 1875, ordenou a todos os indígenas na região das Colinas Negras que tivessem resistido à chegada dos garimpeiros brancos que se mudassem para reservas até 31 de janeiro de 1876, sob pena de serem classificados como "hostis". O inverno tornava o requerimento inviável. Um dos personagens mais importantes a se opor às incursões às Colinas Negras foi Touro Sentado (*c.* 1831-90), guerreiro lakota sioux que fazia parte do grupo hunkpapa. Unidos por sua visão, naquela primavera centenas de sioux, cheyenne e arapaho deixaram suas reservas para se juntarem a ele no acampamento do Rio Little Bighorn, no sul de Montana.

Em maio de 1876, três contingentes do exército dos Estados Unidos marcharam para o oeste, ao encontro de Touro Sentado. Custer liderava o maior destacamento, com cerca de 700 homens. Alcançaram a posição de Touro Sentado em 25 de junho. Quando seus homens foram avistados, Custer ordenou um ataque, dividindo o comando em três e, portanto, enfraquecendo-o perigosamente. Não tinha ciência da real força do inimigo – haviam-lhe dito que comandava apenas 800 guerreiros, mas, na realidade, tratava-se de mais de 1.800. Na batalha que se seguiu, Custer e seu contingente de 210 homens ficaram isolados. Foram todos mortos, assim como outros 55 soldados americanos.

No fim das contas, a força militar do governo americano foi grande demais para Touro Sentado. Reforços chegaram e, em 1877, os sioux e seus aliados foram forçados a abrir mão de seus direitos às Colinas Negras e se assentarem em reservas. Touro Sentado e seus seguidores tomaram a direção norte, rumo ao Canadá, mas o declínio populacional dos búfalos (principal fonte de proteína dos indígenas, além de usar outras partes do animal para a fabricação de uma série de itens, entre os quais tendas, roupas, sapatos e cordas de arcos) levou-os a passar fome e a se render em 1881. Touro Sentado se transferiu para a reserva de Standing Rock, mas continuou a resistir à venda de terras tribais. Depois de 1889, o movimento Ghost Dance ganhou adeptos entre os sioux; era inspirado pela profecia de que uma figura messiânica surgiria para expulsar os colonos brancos e reconduzir os indígenas ao velho modo de vida. Em dezembro de 1890, temerosas de que Touro Sentado pudesse se tornar mártir, o totem de uma ruptura da ordem, as autoridades ordenaram sua prisão; ele morreu em um conflito, quando seus aliados tentavam libertá-lo. Àquela altura, a imensa maioria dos indígenas havia sido forçada a se mudar para reservas, onde até hoje enfrentam regularmente condições duras de vida, pobreza e tentativas do governo de "integrá-los" à força à cultura ocidental.

O Gaol de Kilmainham

Um dos grandes temas dos séculos XIX e XX foi a luta nacional por autodeterminação. Em poucos lugares essa batalha foi tão acalorada quanto na Irlanda, e muitos dos seus acontecimentos-chave ocorreram no Gaol de Kilmainham, em Dublin.

O envolvimento inglês na Irlanda teve início no século XII, quando cavaleiros anglo-normandos lá desembarcaram. Em 1171, Henrique II (1133-89) invadiu as terras e, em 1177, nomeou seu filho João (1166-1216), que se tornaria rei em 1199, "Lorde da Irlanda". Embora a Coroa Britânica tenha tido dificuldade para exercer seu controle sobre toda a ilha, em 1542 Henrique VIII (1491-1547) se declarou "Rei da Irlanda", título que monarcas ingleses subsequentes também adotariam. Durante os séculos XVI e XVII, colonos protestantes da Escócia e da Inglaterra estabeleceram fazendas na Irlanda. Suas comunidades acabariam por se concentrar no norte. Nessa época, eram frequentes as rebeliões por parte de católicos irlandeses. No século XVIII, a Coroa Britânica dominou a Irlanda, ainda que o país tenha mantido seu próprio Parlamento. Em 1798, um grupo republicano revolucionário, chamado Irlandeses Unidos, deu início a uma rebelião com apoio da França. Foi esmagada em menos de quatro meses. Por conseguinte, entraram em vigor, em 1801, os Atos da União, juntando a Grã-Bretanha e a Irlanda em uma única federação, denominada Reino Unido.

Dublin, que havia sido fundada por colonos vikings, já era o centro do poder e da influência ingleses na Irlanda havia muito tempo. No século XVIII, a cidade prosperou, viu sua população aumentar consideravelmente e ganhou vários novos edifícios, um dos quais foi o "Novo Gaol", no subúrbio de Kilmainham, substituindo uma prisão decadente e insalubre nas proximidades. Inaugurada em 1796, era uma estrutura imponente de calcário e granito com duas asas. As celas, porém, eram frias e escuras; superpopulação e doenças logo viraram um problema. Por esse motivo, entre 1857 e 1861 a asa leste foi reconstruída. Passou a ter 96 celas bem iluminadas e era inspirada pelo panóptico, projeto que teoricamente permitiria a um só guarda vigiar qualquer prisioneiro.

Enquanto isso, o curso da História na Irlanda havia se alterado em 1845, quando surgiu a praga da batata. Ela levou ao colapso da safra do principal produto agrícola do país, causando quatro anos de fome e doenças. Um milhão de pessoas morreu, outro milhão emigrou. A Fome fez crescer a hostilidade contra o governo britânico na Irlanda; grande parte da população acreditava que os britânicos não haviam sido ágeis o bastante na reação à crise. Nos anos após a Fome, emergiu o Movimento Feniano, cujos adeptos se mostravam dispostos a usar violência para tornar a Irlanda independente. Muitos de seus militantes, e também outros prisioneiros políticos, foram detidos em Kilmainham. Em contraste com a radicalidade dos fenianos, havia uma campanha mais pacífica pelo "home rule". Sua meta era assegurar o autogoverno doméstico por meio de legislação. Dois projetos de lei nesse sentido não foram adiante em 1886 e 1893, mas um terceiro vingou em 1914. Teria dado à Irlanda seu próprio Parlamento devolvido,* ainda que os seis condados mais protestantes do Ulster tenham sido temporariamente excluídos da legislação. Devido à I Guerra Mundial, o ato foi suspenso. Nunca seria efetivado.

A essa altura, o Gaol de Kilmainham já não funcionava como prisão; por medida de economia, fora fechado em 1910 e os prisioneiros, transferidos para outras paragens. O prédio foi repassado ao Exército do Reino Unido, que o utilizava como alojamento e prisão militares. Na Páscoa de 1916, com o governo britânico ocupado com a guerra, um grupo de republicanos irlandeses promoveu um levante em Dublin. Na segunda-feira de Páscoa, tomaram vários locais cidade afora, incluindo o Correio Geral. Foi na escadaria de entrada desse prédio que um dos líderes da rebelião, o escritor, professor e advogado Patrick Pearse (1879-1916) leu uma proclamação na qual declarava a independência da República Irlandesa. Depois de seis dias de luta com as forças britânicas, os rebeldes se renderam. Muitos dos líderes foram capturados e condenados à morte após uma corte marcial. Catorze, Pearse entre eles, foram executados por um pelotão de fuzilamento no pátio de Kilmainham. Um deles, o socialista James Connolly (1868-1916), fora ferido em combate; incapaz de ficar de pé, foi amarrado a uma cadeira e metralhado. Não foi dada aos homens a dignidade de funerais individuais e nem mesmo de caixões – seus corpos foram simplesmente atirados numa vala comum. A dura reação ao Levante fez o apoio ao republicanismo crescer. A popularidade do partido nacionalista Sinn Féin (fundado em 1905 e cujo nome significava "nós mesmos" em irlandês) aumentava a olhos vistos. Em 1918, o Sinn Féin obteve 73 dos 105 assentos irlandeses no Parlamento, contudo, se recusou a ir a Westminster tomar posse deles. Optou por criar, em 1919, seu próprio Parlamento em Dublin – o Dàil Éireann ("Assembleia da Irlanda").

A Irlanda se viu então mergulhada em uma guerra entre as forças republicanas e as britânicas, e Kilmainham voltou a ser uma prisão. O Tratado Anglo-Irlandês deu

* O termo "devolução", neste contexto, significa concessão de poderes a um governo regional por parte do governo central – como se trata meramente de uma concessão, não implica autonomia, ou seja, tais poderes podem ser revogados se e quando o governo central julgar necessário. (N. T.)

fim ao conflito e criou o Estado Livre Irlandês, um domínio autônomo. A Irlanda foi dividida. Seis condados de ampla maioria protestante no nordeste foram apresentados com a opção de permanecerem no Reino Unido e a aceitaram. A questão da partilha rachou o Sinn Féin e levou à eclosão de uma guerra civil entre grupos pró e anti-Tratado, em 1922. Kilmainham era controlada por forças pró-Tratado, que usaram o local para aprisionar muitos de seus ex-compatriotas. A Guerra Civil Irlandesa terminou em 1923 com a vitória do grupo favorável ao Tratado. Os últimos prisioneiros deixaram Kilmainham no ano seguinte, o local foi abandonado e declarado oficialmente fechado em 1929.

Em 18 de abril de 1949, data do aniversário de 33 anos do Levante da Páscoa, a Irlanda se tornou oficialmente uma república, cortando por completo quaisquer laços constitucionais com o Reino Unido. Apesar de ter sido o local do martírio de heróis da luta pela independência, Kilmainham estava decadente, coberto de ervas daninhas. Em 1958, foi fundada uma sociedade com o intuito de restaurá-lo. Graças a doações e ao trabalho de voluntários, a restauração foi completa e, hoje, o local é aberto ao público como museu.

A Praça Vermelha e o Kremlin

A história da Rússia está intrinsecamente atrelada à de Moscou; no coração da cidade, encontram-se o complexo fortificado do Kremlin e a vizinha Praça Vermelha.

Moscou entrou para os anais da História em 1147, quando ficou registrado que Yury Dolgorukiy (*c.* 1099-1157), futuro grão-príncipe de Kiev (e governante de uma área que incluía as atuais Ucrânia, Belarus e o oeste da Rússia), jantou na cidade. Nove anos depois, construiu-se por lá uma fortaleza. Cercada por um muro de madeira erguido sobre reparos de terra,* ela formou a base do Kremlin (nome possivelmente oriundo do grego para "cidadela"), logo vertido em ponto focal da

* Reparos, termo específico da arquitetura militar, são barreiras erguidas em torno de uma fortificação com a própria terra retirada do solo e que podem também ter reforço de alvenaria. (N. T.)

pequena cidade que acabaria por se tornar grande e virar um principado local. Em 1237, os mongóis invadiram a Rússia – quando chegaram à cidade, um ano depois, o Kremlin não foi capaz de detê-los. Como muitas outras cidades, Moscou foi capturada, saqueada e incendiada. Os mongóis então estabeleceram uma entidade política chamada Horda Dourada, que gozava de soberania sobre muitos principados russos, entre eles o de Moscou. Apesar de serem forçados a pagar tributo aos mongóis, os príncipes locais reconstruíram sua cidade e fortaleceram o Kremlin, tendo ainda aumentado seu poder por meio da absorção de outros principados. Acabariam por se tornar fortes o bastante e detentores de territórios suficientemente vastos para liderar a resistência aos mongóis durante os séculos XIV e XV.

Ivan III, o Grande (1440-1505), foi o governante que removeu a influência da Horda Dourada sobre a Rússia, derrotando-a em 1480. Ele fez uma grande reforma no Kremlin, com empreiteiros e arquitetos vindos da Itália, aumentando consideravelmente o tamanho da fortaleza. A estrutura finalizada tinha quase dois quilômetros de muros de tijolos e vinte torres. O Kremlin se tornou residência real e centro do governo, bem como um local de grande importância para a Igreja Ortodoxa russa. Três catedrais foram erguidas ao redor da praça central do complexo. A mais antiga é a Catedral da Assunção, cuja construção se deu entre 1475 e 1479. A segunda é a Catedral da Anunciação, que já foi a capela pessoal dos governantes da Rússia, construída inicialmente em 1484-89 e reconstruída em 1562-64 após um incêndio. Por fim, há a Catedral do Arcanjo Miguel, construída em 1505-08 onde havia outra

O Palácio de Inverno

São Petersburgo foi fundada por Pedro, o Grande, em 1703, tornando-se capital da Rússia nove anos depois. Em 1711, Pedro mandou construir para ele uma residência barroca, o Palácio de Inverno. Após uma série de reconfigurações projetuais, chegou ao seu estado final em 1762. O Palácio de Inverno finalizado tinha mais de mil aposentos e simbolizava o poder imperial russo. Após a Revolução de Fevereiro de 1917, o local tornou-se sede do Governo Provisório Russo, mas, durante o regime comunista, foi declarado parte do complexo Hermitage de museus de arte.

catedral no século XIV e que foi local de enterro dos czares russos até a capital ser transferida para São Petersburgo. A Praça da Catedral era usada para importantes funções de Estado, e continua a sê-lo durante as cerimônias de posse presidenciais. Na mesma época em que Ivan III remodelou o Kremlin, uma nova praça foi disposta diretamente a leste (separada a princípio por um fosso, que depois foi pavimentado). A Praça Vermelha, como se tornaria conhecida, tinha cerca de 75.000 m^2 e abrigava o maior mercado de Moscou.

Em 1547, o neto de Ivan III, Ivan IV, "o Terrível" (1530-84), sinalizou o aumento do poder de Moscou ao assumir um novo título, o de "Czar da Rússia", e estender o seu território por meio de campanhas militares contra Estados vizinhos. Para celebrar suas vitórias, ordenou a construção da Catedral de São Basílio, na ponta sul da Praça Vermelha. Ela foi erguida entre 1554 (aprox.) e 1560, e o estilo singular e nove torres multicoloridas se tornaram um símbolo tanto de Moscou como da própria Rússia. Apesar de períodos de guerra civil e invasão estrangeira, os czares continuaram a expandir o território russo, em particular no reinado de Pedro, o Grande (1672-1725). Em 1712, ele mudou a capital para São Petersburgo; nove anos depois, passou a se autodenominar imperador. No início do século XIX, a Rússia era uma grande potência europeia, mas se viu arrastada para as Guerras Napoleônicas. Napoleão invadiu o país em 1812 e conseguiu alcançar Moscou em setembro. Quando seu exército se aproximava da cidade, teve início um incêndio de grandes proporções, que destruiu dois terços de Moscou, incluindo milhares de prédios. Napoleão assumiu então o controle de uma terra devastada e recuou depois de um mês. Ao longo do restante do século, a cidade foi inteiramente reconstruída. O Kremlin foi restaurado e, no interior do complexo, ergueu-se um novo e grandioso palácio. Em 1872, foi criado o Museu Histórico do Estado na extremidade norte da Praça Vermelha. Em 1893, um complexo comercial coberto e com centenas de lojas, as Filas do Comércio de Cima, foi inaugurado ao largo do lado leste da praça, nacionalizado sob o regime comunista e rebatizado Gosudarstvenny Universalny Magazin (GUM ou "Lojas de Departamentos Estatais"). Em 1930, foi fechado e o prédio, usado para fins administrativos governamentais até 1953, quando, após uma restauração, foi reaberto como centro comercial. Hoje privatizado, o GUM continua a ser um shopping center popular.

O Império Russo teve um fim retumbante em 1917. Com o descontentamento se espalhando em consequência da desastrosa participação da Rússia na I Guerra Mundial, a Revolução de Fevereiro trouxe um levante de massas que levou à abdicação de Nicolau II (1868-1918). O Governo Provisório deu sequência à participação na I Guerra Mundial, que continuava a ser tremendamente impopular. Isso permitiu a Vladimir Lênin (1870-1924) levar o seu partido revolucionário, os Bolcheviques, ao poder na Revolução de Outubro. Para solidificar o poder, travou

Smolensk

Smolensk, no Rio Danápris, é uma das mais antigas cidades russas. Seus registros históricos chegam até meados do século IX. Era então um ponto importante da rota entre os mares Báltico e Negro, bem como da que ligava Moscou ao restante da Europa. A localização significou que Smolensk foi ferozmente disputada ao longo dos séculos. Saqueada pelos mongóis, também chegou a passar períodos sob domínio lituano e polonês. Smolensk foi incendiada pelas forças de Napoleão em 1812 e palco de combates sangrentos em 1941, durante a invasão da União Soviética pelas Forças do Eixo.

longa guerra civil contra forças anticomunistas até obter a vitória em 1922, ano do estabelecimento formal da União das Repúblicas Socialistas Soviéticas (URSS). Lênin ainda transferiu a capital de volta para Moscou. Os prédios do Kremlin foram usados para abrigar repartições do governo. A Praça Vermelha é palco de várias demonstrações de força e unidade soviéticas. As mais vistosas são as paradas militares do Dia da Vitória e do aniversário da Revolução de Outubro. Depois da morte de Lênin, seu corpo foi embalsamado e posto em exibição em um mausoléu no lado oeste da Praça Vermelha, onde continua à vista do público até hoje.

A última grande ameaça à sobrevivência de Moscou foi representada pela Alemanha nazista. No dia 21 de junho de 1941, o Eixo pôs em marcha a Operação Barbarossa, a invasão-surpresa da Rússia. Em outubro se aproximava de Moscou, que teve grande parte de sua população evacuada. Graças à ferrenha resistência soviética, as Forças do Eixo nunca conseguiram chegar a Moscou e foram obrigadas a dar meia-volta. Embora a cidade tenha sido seriamente atingida pelos combates, sobreviveu, e o Kremlin e a Praça Vermelha se mantiveram de pé.

O Polo Sul

O ponto mais ao sul da Terra, o Polo Sul, fica na Antártida, que permaneceu inteiramente intocada pela espécie humana até os anos 1820. Nas décadas subsequentes, numerosas expedições tentaram alcançar o Polo Sul, muitas das quais terminaram em tragédia.

O continente antártico tem cerca de 14 milhões de km^2 e é quase inteiramente coberto de gelo, com uma espessura média de 2,16 km. As águas que o cercam são gélidas, traiçoeiras e agitadas, o que manteve o continente isolado por grande parte da História da humanidade. A Antártida foi avistada pela primeira vez em 1820, uma distinção que é disputada por expedições da Rússia, do Reino Unido e dos Estados Unidos. A primeira pessoa a pisar no continente pode ter sido John Davis (nascido em 1784), um americano sobre o qual há a crença de que teria feito uma breve visita em 1821, em busca de focas para caçar. Contudo, de maneira geral a Antártida permaneceu imperturbada por seres humanos até os anos 1890, embora várias expedições tenham explorado sua costa.

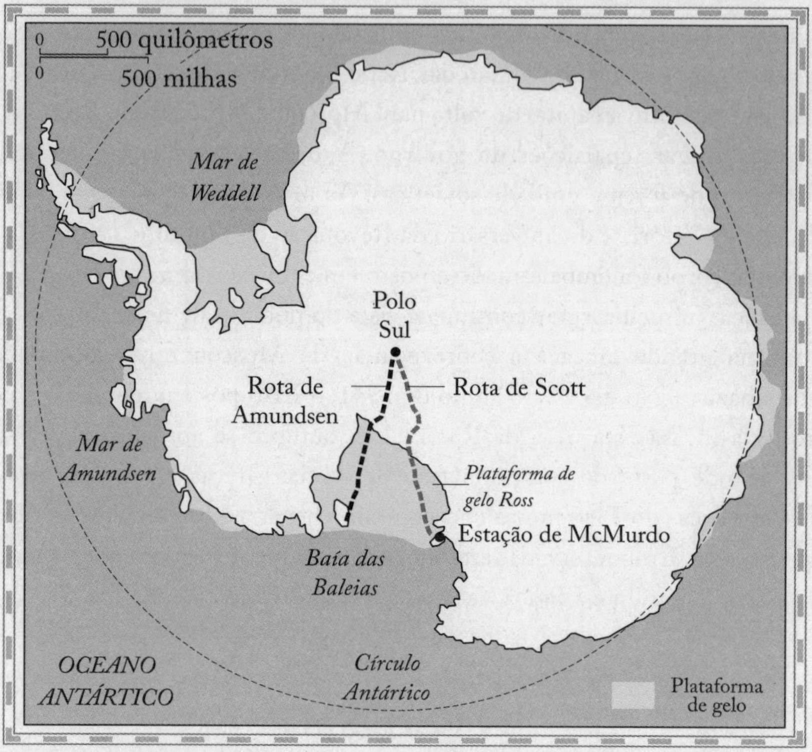

A corrida ao Polo Sul, 1911-12.

Os britânicos fizeram uma expedição à Antártida em 1898, comandada pelo explorador Carsten Borchgrevink (1864-1934), nascido na Noruega. A bordo do *Southern Cross*, um navio a vapor concebido para a caça às focas, desembarcaram no continente em fevereiro de 1899. Montaram acampamento, passaram o inverno lá e avançaram para o sul mais do que qualquer um jamais fizera, embora não tenham chegado ao Polo. Borchgrevink e seus homens voltaram sãos e salvos em 1900, inspirando outras viagens semelhantes. Estas incluíram a expedição britânica do *Discovery*, entre 1901 e 1904, que conduziu mais explorações e vários experimentos científicos (entre os quais o lançamento de um balão de observação). A equipe incluía dois homens cujos nomes se tornariam sinônimos da meta de ser o primeiro a chegar ao Polo Sul: Robert Falcon Scott (1868-1912) e Ernest Shackleton (1874-1922). Este último foi o primeiro a tentá-lo – sua expedição de 1907-09 a bordo do navio *Nimrod* chegou a cerca de 160 km do Polo, mas foi forçada a recuar.

Em 1911, dois grupos tentaram alcançar o Polo Sul. Um comandado por Scott, o outro por uma equipe norueguesa liderada pelo explorador Roald Amundsen (1872-1928), que já obtivera fama à frente da primeira viagem marinha pela Passagem Noroeste. Amundsen utilizou trenós puxados por cães (quase todos acabariam mortos para servir de alimento a seus homens), e, com quatro companheiros, alcançaram o Polo Sul no dia 14 de dezembro. Montou um acampamento nas proximidades, batizou-o de Polheim e deixou uma barraca armada e suprimentos. Os cinco retornaram ao navio em 25 de janeiro e zarparam para a Tasmânia, onde puderam propagandear o feito mundo afora por telegrama. Scott também atingiu o Polo Sul com sua equipe de quatro homens, ainda que só em 17 de janeiro de 1912, 34 dias depois de Amundsen. Eles não sobreviveram à viagem de volta; morreram sem nunca terem chegado a se encontrar com um grupo que saíra do acampamento-base levando novos suprimentos. Os corpos congelados só foram descobertos oito meses depois.

A próxima grande ambição dos exploradores era cruzar a Antártida por terra. Em 1914, Shackleton retornou ao continente para fazê-lo, mas, antes de conseguir dar início à expedição, seu navio, o *Endurance*, encalhou em gelo à deriva. Passou meses vagando a esmo, até ser esmagado e afundar em outubro de 1915, deixando ilhados Shackleton e seus homens. Eles usaram botes salva-vidas para fazer o

A Passagem Noroeste

Antes de o Canal do Panamá ficar pronto em 1914, navegadores buscavam uma rota marítima do Atlântico ao Pacífico que não envolvesse contornar o Cabo Horn. Uma possibilidade era a Passagem Noroeste, um caminho através do Arquipélago Ártico Canadense. Encontrar uma passagem segura em meio às suas ilhas e icebergs à deriva era arriscado. Muitos haviam tentado, sem conseguir, desde o final do século XV. A Passagem Noroeste só foi encontrada na viagem de Amundsen entre 1903 e 1906. Embora originalmente julgada impraticável para a navegação comercial devido à cobertura de gelo, o recente processo de aquecimento global tornou mais fácil a jornada.

percurso até Elephant Island, a 240 km da Antártida. Shackleton então levou cinco homens para velejar por 1.300 km de mar aberto até a Geórgia do Sul, possessão britânica no Atlântico Sul, num salva-vidas adaptado com meros 6,8 metros de comprimento. Num feito espetacular de náutica, chegou até lá e organizou uma expedição de resgate a Elephant Island. Por milagre, todos os seus homens sobreviveram às adversidades. O continente só chegaria a ser atravessado pela Expedição Transantártica da Comunidade das Nações (1955-58). Financiada por um misto de doações privadas e verba dos governos do Reino Unido, da Nova Zelândia, dos Estados Unidos, da Austrália e da África do Sul, foi liderada pelo explorador inglês Vivian Fuchs (1908-99), incluindo também o neozelandês Edmund Hillary (1919-2008), que conquistara o Everest pouco tempo antes. Com o uso de tratores e o apoio de aviões, atravessaram com êxito a Antártida (via Polo Sul) entre 25 de novembro de 1957 e 2 de março de 1958.

Com a volta do interesse pela Antártida e o caráter nebuloso de seu status sob a lei internacional, os doze países com propensões no continente (África do Sul, Argentina, Austrália, Bélgica, Chile, Estados Unidos, França, Japão, Nova Zelândia, Noruega, Reino Unido e União Soviética) assinaram um tratado em Washington, em 1º de dezembro de 1959. Em meio às tensões da Guerra Fria, todos concordaram

O Monte Everest

Em 1852, Radhanath Sikdar (1813-70), matemático indiano, calculou que o pico do Himalaia conhecido como Chomolungma ("Deusa do Vale", em tibetano) seria a montanha mais alta do mundo, com 8.839 metros de altura – cálculos subsequentes mostraram que sua estimativa fora apenas 10,6 metros mais baixa do que a elevação real. Seria rebatizada Everest em homenagem ao geógrafo britânico de mesmo nome, agrimensor-geral da Índia. Após várias tentativas fracassadas de escalar o Everest, a montanha foi conquistada em 1953 por uma expedição britânica. Edmund Hillary e o nepalês-indiano Tenzing Norgay (1914-86) foram os primeiros a atingir o cume.

que a Antártida deveria ser uma zona desmilitarizada, sem bases ou testes de armas, com liberdade para a realização de pesquisas científicas e estímulo à cooperação nestas. Lá foram montadas várias estações de pesquisa e, em 1991, um novo protocolo determinou a política de proteção do meio ambiente antártico. A especulação comercial em busca de minerais e petróleo foi proibida até 2048. Contudo, as mudanças climáticas são a maior ameaça à Antártida e já causaram a elevação da temperatura da água na região e a rápida perda de gelo.

8

O Mundo Contemporâneo

Hollywood

O século XX testemunhou o surgimento global do cinema, que se tornou a forma de arte mais popular do mundo. A indústria cinematográfica americana foi peça central nisto, e o bairro de Hollywood, em Los Angeles, virou sinônimo de cinema.

No fim do século XIX, inventores fizeram experiências com tecnologias simples de imagens em movimento. Estas evoluíram e viraram filmes – sequências curtas rodadas com uma única câmera. A primeira sessão pública ocorreu em Paris, em 1895, organizada pelos irmãos Lumière, Auguste (1862-1954) e Louis (1864-1948), que haviam inventado uma câmera para imagens em movimento chamada cinematógrafo. No espaço de uma década, cinemas já estavam funcionando em cidades de diferentes tamanhos Europa afora, e plateias enormes pagavam para assistir a filmes que se tornavam mais longos e cada vez mais sofisticados. Como não havia som, geralmente eram acompanhados por música ao vivo, executada na sala de exibição.

Os Estados Unidos não demoraram a adotar essa nova tecnologia e forma de arte, com uma indústria concentrada de início na Costa Leste. Em 1893, o inventor Thomas Edison (1847-1931) abriu um estúdio de cinema em seus laboratórios em West Orange, Nova Jersey. A primeira "capital" do cinema americano foi Fort Lee, no mesmo Estado, vizinho de Nova York. Do ano 1907 em diante, companhias começaram a construir estúdios lá, atraídas pela abundância de terrenos baratos. Os donos desses estúdios logo viram que uma sede com maior garantia de tempo ensolarado (a luz artificial ainda era uma tecnologia incipiente) e acesso a locações mais variadas seria o ideal. Isso os levaria a Hollywood, região da cidade californiana de Los Angeles.

Antes da chegada dos primeiros exploradores espanhóis em 1542, vários povos indígenas tinham a Califórnia como lar. A colonização europeia começou no fim do século XVIII, em escala relativamente pequena. Em 1781, os espanhóis estabeleceram um pequeno povoado numa área do deserto que batizaram de "El Pueblo de la Reina de los Angeles" ("Cidade da Rainha dos Anjos") – mais conhecido como Los Angeles. Ao obter sua independência da Espanha em 1821, a Califórnia

tornou-se parte do México. Foi em 1848, após a Guerra Mexicano-Americana, que os Estados Unidos passaram a controlá-la. Naquele ano, encontrou-se ouro na região, o que levou muita gente a se mudar para lá. Tamanho afluxo populacional fez a Califórnia se tornar um Estado em 1850. Los Angeles, enquanto isso, virara uma cidade e cresceu rapidamente depois de ser conectada à rede nacional de ferrovias e ter seu porto ampliado e aperfeiçoado.

Hollywood começou como uma comunidade pecuarista e agrária, que, ao final do século XIX, se desenvolveu e virou uma pequena cidade, formalmente anexada a Los Angeles em 1910. Naquele ano, foi produzido *In Old California*, primeiro filme 100% rodado em Hollywood, e, em 1911, foi aberto um estúdio de cinema no Sunset Boulevard. Ao longo da década seguinte, mais e mais estúdios se instalariam em Hollywood, grande parte deles transferidos da Costa Leste para lá, onde, havendo muita oferta de área livre, foram construídos imensos galpões para filmagens. Teve início assim uma "era de ouro" do cinema americano, que duraria até os anos 1960 e criou estilos, convenções, técnicas e estéticas extremamente influentes ainda hoje. O período também registrou o início da produção de filmes com som sincronizado e em cores. Em 1923, foi erguido, nas colinas que se projetam sobre a área, o famoso letreiro de Hollywood (originalmente, a palavra era "Hollywoodland"; as últimas quatro letras foram retiradas durante trabalhos de restauração em 1949, e todo o letreiro foi reconstruído em 1978). Naquele ano, um outro pilar duradouro da sétima arte chegou a Hollywood: Walt Disney (1901-66). Ele era artista visual e experimentou fazer filmes à base de desenhos animados. O estúdio, que levaria seu nome, produziu uma série de filmes que definiram a animação como gênero. Em 1955, ele revolucionou a indústria do entretenimento de outra forma, abrindo seu próprio parque temático, a Disneylândia, em Anaheim, uma cidade cerca de 50 km a sudeste de Hollywood.

Oakwood Grange

Louis Le Prince (1841-90) foi um inventor francês que fez experimentos com cinematografia, desenvolvendo em segredo uma câmera capaz de registrar imagens em movimento. Em 1888, ele a usou para filmar uma sequência silenciosa de dois segundos com familiares seus no jardim em Oakwood Grange, uma casa em Roundhay, subúrbio da cidade de Leeds, no norte da Inglaterra. Essas são as mais antigas imagens em movimento que ainda existem no mundo.

Durante a Era de Ouro de Hollywood, que compreende o período entre os anos 1910 e 1960, os "Cinco Grandes" estúdios (20th Century Fox, Metro-Goldwyn-Mayer, Paramount Pictures, RKO e Warner Bros.) dominaram o cinema americano. Não apenas produziam os filmes, como também os distribuíam e exibiam, além de controlar diretores e atores, amarrando-os a contratos de longa duração. Os filmes que faziam não eram populares só nos Estados Unidos, mas também com plateias mundo afora. Hollywood começou a mudar após a II Guerra Mundial. Em 1948, a Suprema Corte declarou ilegais as práticas monopolistas dos estúdios de cinema, donos de cadeias de salas de exibição nas quais só os seus próprios filmes passavam. A partir daí, o poder dos Cinco Grandes entrou em declínio. Além disso, o Código Hays, um conjunto de diretrizes morais com o efeito prático de censura que restringira o conteúdo dos filmes americanos desde 1930, começou a rachar e foi abandonado na década de 1960, permitindo ao cinema tornar-se mais experimental e ousado. Ao mesmo tempo, Hollywood foi tomada pela paranoia anticomunista que varreu os

Estados Unidos depois de 1947. Como parte de uma investigação governamental do comunismo, vários personagens centrais da indústria do cinema foram convocados a depor em audiências em Washington. Dez se recusaram e foram multados e presos. Esses e centenas de atores, diretores, roteiristas e profissionais de outras áreas foram efetivamente proibidos de trabalhar para qualquer estúdio de cinema americano devido à suspeita de serem simpatizantes do comunismo. A prática da "lista negra" durou mais de uma década.

Talvez o maior dano causado ao domínio hollywoodiano do cinema tenha sido a ascensão da televisão. Ela tirou público do cinema, diminuindo-lhe os lucros, ainda que Hollywood, então, tenha se tornado um grande centro da crescente indústria televisiva. Com o passar do tempo, vários estúdios começaram a abandonar o bairro, mudando-se para diferentes áreas de Los Angeles ou até mesmo para fora da cidade. O único grande estúdio que ainda fica lá é a Paramount Pictures, embora "Hollywood" continue sendo usado como apelido para toda a indústria de cinema baseada em Los Angeles. Metade dos filmes americanos ainda é produzida nas cercanias de Hollywood, e ainda é lá que ocorre a cerimônia de premiação da Academia (popularmente conhecida como Oscar), realizada desde 1929 e que, apesar das polêmicas, continua a ser a maior representação global da excelência cinematográfica.

O Cinema Olympia, em Bombaim

O primeiro longa-metragem feito na Índia foi *Raja Harishchandra*, dirigido e produzido pelo pioneiro Dadasaheb Phalke (1870-1944). Sua estreia ocorreu no Cinema Olympia, em Bombaim (hoje Mumbai), em 21 de abril de 1913, e logo se tornou um enorme sucesso, estabelecendo os pilares da indústria cinematográfica indiana, extremamente popular e cujos filmes são os mais assistidos do mundo. Seu maior setor tem a região de Mumbai como base. Conhecido como "Bollywood", produz filmes falados em hindi.

Amritsar

Amritsar não é apenas um dos principais centros do sikhismo, mas o palco de um dos acontecimentos mais brutais da história colonial britânica, o massacre de Jallianwala Bagh, que instigou o movimento pela independência da Índia.

A região do Punjab foi a terra natal do Guru Nanak (1469-1539), o fundador do sikhismo, que rapidamente arregimentou seguidores para a sua nova religião. Ao morrer, foi sucedido por nove outros gurus, e todos contribuíram para o estabelecimento do sikhismo. Quando o décimo deles morreu, em 1708, a escritura sagrada dos gurus, o *Guru Granth Sahib*, tornou-se o definitivo e eterno guru.

Amritsar foi formalmente fundada em 1577 pelo quarto guru, Ram Das (1534-81). Ele ordenou a criação de um grande tanque sagrado de água chamado Amrita Saras ("Piscina de Néctar"), do qual derivou-se o nome da cidade. Guru Arjan (1563-1606), o sucessor de Ram Das, construiu um *gurdwara* (local de culto sikh) no centro do tanque em 1589. Conhecido como Harmandir Sahib ("Morada de Deus") e acessível através de uma ponte de mármore, fica em um nível mais baixo do que o resto da cidade para lembrar os fiéis da necessidade de serem humildes. O Harmandir Sahib tornou-se o local mais sagrado de peregrinação dos sikhs e ajudou a fomentar o crescimento de Amritsar.

Com o crescimento do sikhismo, seus seguidores passaram a sofrer perseguições violentas e constantes, em especial da parte de soberanos muçulmanos do Império Mogul, que governavam o Punjab e dominaram o subcontinente indiano entre os séculos XVI e XVIII. Durante este último século, com o declínio do poderio mogul, os sikhs, que haviam formado exércitos para se proteger, obtiveram o controle de partes do Punjab e nelas criaram diversos Estados diferentes. Em 1801, foram unificados sob um líder militar chamado Ranjit Singh (1780-1839), fundando assim o Império Sikh. Em 1802, ele mesmo pagou para que o Harmandir Sahib (que sofrera danos várias vezes desde a construção) fosse reconstruído em mármore, cobre e revestido de ouro. O local se tornou então conhecido como Templo de Ouro. Após a morte de Ranjit, em 1839, o Império Sikh entrou em declínio. Isso abriu uma oportunidade para a Companhia das Índias Orientais, que na época controlava grande parte do subcontinente indiano. Após duas guerras, o Império Sikh foi dissolvido em 1849, e seu território passou para o controle da Companhia. Quando a maior parte da Índia se rebelou contra o domínio britânico em 1857, no Punjab a paz continuou a reinar de maneira geral. A rebelião foi derrotada em 1858, e a partir daí o governo do Reino Unido assumiu o controle direto do subcontinente indiano.

Palashi

Em meados do século XVIII, a Companhia Britânica das Índias Orientais havia se estabelecido no subcontinente indiano, embora não fosse de forma alguma dominante. Isso mudou em 1757, quando as forças da Companhia derrotaram os governantes de Bengala, aliados dos franceses, no povoado de Palashi (anglicizado como Plassey). Isso permitiu à Companhia instalar um governo-fantoche em Bengala, estabelecendo bases para que se consolidasse como potência dominante no subcontinente indiano.

No início do século XX, aumentava o clamor na Índia por mais liberdade. Após o fim da I Guerra Mundial, a insatisfação se intensificou. A contribuição da Índia Britânica para a operação de guerra dos Aliados fora decisiva, com mais de um milhão de soldados servindo no exterior (o Punjab contribuíra mais do que qualquer outra província). Muitos indianos esperavam assim persuadir os britânicos a lhes concederem maior autonomia. Pelo contrário, em 21 de março de 1919, a legislatura da Índia Britânica aprovou o Ato sobre Crimes Revolucionários e Anárquicos. Essa medida draconiana prorrogou medidas de emergência para tempos de guerra, visando atingir suspeitos de oposição política. O governo colonial foi autorizado a deter pessoas por tempo indeterminado sem o devido processo legal, conduzir julgamentos com júris secretos, decretar prisões sem mandado e limitar a liberdade de imprensa. Mahatma Gandhi (1869-1948), um ex-advogado que já era líder influente na campanha pela independência da Índia, convocou uma greve geral de um dia como protesto. No Punjab, a objeção à lei era generalizada, ainda que pacífica, até que os líderes da oposição foram presos, fato que fez explodir uma onda de violência e distúrbios. Em 10 de abril, a polícia disparou contra uma multidão de civis em Amritsar, matando seis e ferindo mais de trinta. Sir Michael O'Dwyer (1864-1940), vice--governador do Punjab desde 1912, reagiu à desordem proibindo aglomerações públicas. Reginald Dyer (1864-1927), que comandava 1.185 homens em Amritsar (a maioria gurkha ou balúchi), foi encarregado de impedir quaisquer novos protestos. Em 13 de abril, Dyer ficou sabendo da presença de uma multidão (cerca de 10 mil pessoas) em Jallianwala Bagh, jardim murado próximo ao Templo de Ouro. Dyer chegou ao local e mandou seus homens ocuparem a única saída. Sem aviso, ordenou que atirassem contra a multidão. Mataram 379 pessoas (incluindo um bebê de seis semanas de vida) e feriram mais de 2 mil. Dyer e a tropa, então, foram embora sem prestar socorro. Instituiu-se na sequência a lei marcial sobre todo o Punjab.

Pela crueldade de seus atos, Dyer recebeu uma reprimenda e foi forçado a deixar o exército, mas não sofreu qualquer outra punição. Quando voltou ao Reino Unido, em 1920, ganhou uma polpuda quantia arrecadada por simpatizantes e então se aposentou, morrendo sete anos depois. O'Dwyer foi exonerado do cargo de vice--governador e também retornou ao Reino Unido. Em 1940, foi assassinado em Westminster por Udham Singh (1899-1940), um sikh punjabi apoiador da independência da Índia, em retaliação pelo massacre de Amritsar. Singh foi preso, considerado culpado de assassinato e executado na forca.

As notícias do massacre se espalharam pelo subcontinente indiano, ratificando o fato de que o domínio britânico era intolerável e precisava-se lutar contra ele. Gandhi, em total contraste com a violência de Amritsar, insistia no *satyagraha* (protesto civil pacífico) contra os britânicos. Com o tempo, aumentou o apoio ao movimento pela independência da Índia. Havia tensões de ordem religiosa; alguns muçulmanos exigiam um Estado à parte para garantir seus direitos. Após o fim da II Guerra Mundial, tiveram início as negociações pela independência do país. Em 15 de agosto de 1947, a Índia se tornou independente, embora áreas de maioria muçulmana tenham formado um Estado à parte, o Paquistão (cuja região leste, Bangladesh, se separaria em 1971). Com a divisão, milhões foram desalojados, e houve violência e distúrbios. Gandhi fez apelos por calma, jejuou pela paz, mas foi tragicamente assassinado em 1948 por um nacionalista hindu. No processo de divisão, o Punjab foi partido em dois. A parte oriental (basicamente hindu e sikh) tornou-se indiana; a ocidental, predominantemente muçulmana, paquistanesa.

Alguns sikhs ficaram insatisfeitos com tal estado de coisas e começaram a exigir uma pátria separada para os seus no Punjab. Em 1984, separatistas sikhs ocuparam o Templo de Ouro e os prédios ao redor. Quando as negociações fracassaram, a primeira-ministra Indira Gandhi (1917-84) – sem parentesco com o Mahatma – ordenou ao exército que os expulsasse do Templo de Ouro. Os sikhs foram atacados por tropas do Exército indiano e ao menos 450 pessoas (incluindo alguns peregrinos desarmados) morreram. Cinco meses depois, Indira Gandhi foi assassinada por dois guarda-costas sikhs como um ato de vingança pelo ataque ao Templo de Ouro. A morte de Indira Gandhi foi o estopim de linchamentos de sikhs por toda a Índia. Felizmente, desde os anos 1990 esse tipo de violência entrou em declínio e o Punjab voltou a ser basicamente pacífico.

A Torre de Rádio de Gliwice

Uma das principais causas da II Guerra Mundial foi a invasão da Polônia pela Alemanha nazista em 1939. Para justificá-la, os alemães promoveram uma operação fraudulenta em Gliwice, o prelúdio de uma guerra que seria o conflito mais destrutivo da História da humanidade, causando a morte de cerca de 50 milhões de pessoas.

Gliwice fica na Alta Silésia, porção sudeste de uma região basicamente situada na Polônia (há partes na Alemanha e na República Tcheca), que é rica em recursos minerais, em especial carvão e minério de ferro. A cidade recebeu sua carta de povoamento em 1276. Originalmente governada pelo braço silesiano da dinastia polonesa Piast, passou para o controle da Boêmia em 1335. Quando os Habsburgo austríacos herdaram a coroa da Boêmia em 1526, também obtiveram Gliwice, que era

Stalingrado

A Batalha de Stalingrado foi a mais sangrenta da História, com cerca de dois milhões de vítimas. Stalingrado (hoje Volgogrado) era um centro industrial e de redirecionamento de transporte no Rio Volga e foi um dos principais alvos da ofensiva de verão do Eixo em 1942. A luta pelo controle da cidade durou mais de cinco meses, com combates ferrenhos de casa em casa, e culminou com o Exército Vermelho cercando o inimigo e forçando-o a se render em fevereiro de 1943. A derrota, desastrosa para os nazistas, mudou o rumo do conflito na Frente Oriental.

conhecida ainda por seu nome alemão, Gleiwitz. Em 1742, a Prússia conquistou a Silésia, que se tornou parte do Império Alemão quando este foi criado em 1871. Gliwice, como muitas cidades da região, passou por um processo de industrialização no século XIX, tornando-se um importante centro fabril, particularmente na produção de ferro.

A I Guerra Mundial transformou a Europa. A Polônia, que fora limada do mapa após uma série de partilhas entre a Áustria, a Prússia e a Rússia, foi recriada como república independente. Sob o Tratado de Versalhes, a Alemanha sofreu grandes perdas territoriais, incluindo partes da Silésia, que foram concedidas à Tchecoslováquia e à Polônia. Muita gente de etnia polonesa ficou na Alta Silésia, governada pelos alemães, que incluía Gliwice, levando a uma série de insurreições separatistas entre 1919 e 1921. Para dar fim à violência, a Liga das Nações organizou referendos na Alta Silésia, onde foi perguntado à população se preferia ser governada pela Alemanha ou pela Polônia. Cerca de 40% votaram a favor de se tornarem parte da Polônia, enquanto o restante preferiu continuar a ser parte da Alemanha. Uma porção do território da Alta Silésia foi então cedida à Polônia, embora a maior parte, incluindo Gliwice, tenha permanecido alemã.

Ao assumirem o poder na Alemanha em 1933, os nazistas tinham como metas principais de política externa reverter o odiado Tratado de Versalhes, reunir todo o povo de fala alemã sob seu governo e ganhar *Lebensraum* ("espaço vital") no leste.

A Polônia, que assegurara estabilidade política e econômica após a sua recriação, se veria no meio do fogo-cruzado. Em março de 1938, a Alemanha anexou a Áustria (o *Anschluss*), apesar do fato de isto ser proibido por Versalhes. O alvo seguinte de Hitler era a Região dos Sudetas, uma parte da Tchecoslováquia onde a maioria da população era de etnia alemã. Ele ameaçou dar início a uma guerra para assegurar o domínio do território. Em setembro, ocorreu uma conferência em Munique, onde ingleses e franceses tentaram apaziguá-lo, autorizando-o a anexar a Região dos Sudetas. Não foi suficiente para saciá-lo; em março de 1939, Hitler invadiu o resto da Tchecoslováquia, e parte do país foi formalmente anexada à Alemanha. O restante se tornou um protetorado, a partir do qual foi criado o Estado cliente alemão da República Eslovaca (Hungria e Polônia também se aproveitaram e anexaram antigos territórios da Tchecoslováquia). Os atos de Hitler mostraram à França e ao Reino Unido que ele não era digno de confiança. O alvo natural seguinte de suas ambições era a Polônia. Portanto, os governos britânico e francês deram garantias ao país de que, caso sua independência fosse ameaçada, declarariam guerra à Alemanha.

Pearl Harbor

O Havaí, um arquipélago no Pacífico Norte que um dia fora um reino independente, foi anexado pelos Estados Unidos em 1898. A Marinha americana percebeu seu valor estratégico e, em 1908, construiu a base de Pearl Harbor na Ilha de Oahu. Em 7 de dezembro de 1941, o Japão lançou um ataque-surpresa à base, afundando e danificando vários navios e matando centenas. Isso levou os americanos a entrarem na II Guerra Mundial do lado dos Aliados, o que seria crucial para a vitória destes no conflito.

Em 23 de agosto de 1939, a Alemanha e a União Soviética fizeram um acordo de neutralidade, o Pacto Molotov-Ribbentrop (batizado com os nomes de seus respectivos ministros das Relações Exteriores). Consideradas as diferenças ideológicas entre os dois países, o anúncio chocou o mundo. O pacto continha também cláusulas secretas que dividiam a Polônia, a Romênia, os Bálcãs e a Finlândia em áreas de influência alemã e soviética. Com a garantia de que os soviéticos não interfeririam e a convicção de que ingleses e franceses nada fariam, Hitler pôs em marcha seus preparativos para invadir a Polônia. Como parte dos planos, soldados alemães fizeram-se passar por poloneses e realizaram uma operação de falsa bandeira em seu território. O lugar da operação foi a Torre de Rádio de Gliwice. Havia sido construída em 1934 e, com 118 metros de altura, era a mais alta estrutura de madeira da Europa. Na noite de 31 de agosto, tropas das SS vestidas com uniformes do Exército Polonês encenaram a captura da torre. Fizeram uma curta transmissão em polonês e, para adicionar realismo ao "ataque", plantaram vários cadáveres (a maioria era de prisioneiros do campo de concentração de Dachau, embora houvesse um fazendeiro local capturado). Esse foi um entre diversos incidentes ocorridos naquele dia ao longo de toda a fronteira entre os dois países. Em 1º de setembro, forças alemãs (e eslovacas) invadiram a Polônia. Os poloneses lutaram com valentia, mas foram dominados pelos alemães, que se fizeram valer do grande número de tanques e aviões. Dois dias após a invasão, a França e o Reino Unido declararam guerra à Alemanha, mas pouco puderam fazer para ajudar as forças polonesas sitiadas. Para piorar as coisas, em 17 de setembro os soviéticos invadiram o país pelo leste e, em 6 de outubro, os combates haviam terminado. A Polônia mais uma vez havia sido varrida do mapa, dividida entre a Alemanha, a União Soviética e a República Eslovaca. O país sofreu terrivelmente durante a guerra, em particular sua população judia. Foram mais de

Flensburgo

Hitler cometeu suicídio em 30 de abril de 1945. De acordo com os termos de seu testamento, Karl Dönitz (1891-1980), comandante em chefe da Marinha alemã, sucedeu-o como presidente do Reich, ministro da Guerra e comandante supremo das Forças Armadas. Com Berlim a ponto de cair, Dönitz formou seu governo na cidade portuária de Flensburgo, no norte do país. Ela foi capital de um Terceiro Reich, tremendamente diminuído por apenas alguns dias – em 7 de maio, Dönitz ordenou a rendição, embora o governo de Flensburgo tenha permanecido de pé até 23 de maio, quando seus membros foram presos.

6 milhões de mortes de civis. O Estado Secreto Polonês lutou contra as forças da ocupação enquanto os combatentes militares que fugiram do país lutaram ao lado dos Aliados com brio e excelência.

Em junho de 1941, as forças do Eixo puseram em marcha a Operação Barbarossa de invasão da União Soviética. Embora tenha sido bem-sucedida a princípio, fez com que os soviéticos entrassem na guerra do lado Aliado e acabaria por levar à derrocada da Alemanha nazista. Em 1945, com a vitória assegurada, os Aliados começaram a discutir a estrutura da Europa do pós-guerra. Apesar do compromisso assumido de que haveria eleições democráticas na Polônia, o país se tornou parte da esfera de influência da União Soviética, que instaurou um regime comunista amigo. Gliwice tornou-se parte da Polônia reconstituída, e sua torre de rádio foi usada para transmitir a rádio estatal até 1955. Daí em diante, passou a ser usada para embaralhar sinais de estações baseadas na Europa Ocidental. A democracia só seria plenamente restaurada na Polônia em 1989, quando a uma onda nacional de greves e protestos se seguiram eleições livres, marcando o início do fim do regime comunista no país.

A Casa de Anne Frank

O antissemitismo tem sido um aspecto lamentavelmente persistente na História do mundo. Culminou no Holocausto, quando cerca de 6 milhões de judeus foram sistematicamente mortos. Um dos mais perenes símbolos humanos dessa campanha genocida é Anne Frank (1929-45).

Na Idade Média, o povo judeu havia se estabelecido por toda a Europa e teve que enfrentar perseguição e discriminação. Judeus não raro eram forçados a viver em bairros separados, conhecidos como guetos (o nome é derivado da área de Veneza onde os lá radicados eram obrigados a se instalar). Em momentos de crise, eram feitos de bodes expiatórios e alvo frequente de linchamentos. Certos países, como a Inglaterra em 1290 e a Espanha em 1492, simplesmente os expulsavam. Foi só ao fim do século XVIII que países começaram a conceder-lhes direitos de cidadania plena. Apesar disso, no século XIX surgiram noções pseudocientíficas de que o povo judeu era uma raça inferior, e muitos partidos políticos usaram o ódio direcionado a eles para angariar popularidade. A maior violência ocorreu no Império Russo. Após

A Villa de Wannsee

Localizada entre dois lagos formados pelo Rio Havel, Wannsee é um dos subúrbios mais bonitos de Berlim e um local popular de recreação. Os ricos costumavam morar lá, incluindo o fabricante de produtos farmacêuticos Ernst Marlier (1875-1948), que construiu uma luxuosa *villa* em 1914. Em 1941, o local havia passado para as mãos das SS. Em 20 de janeiro de 1942, sediou uma conferência das principais lideranças nazistas, na qual foram debatidos os pormenores da Solução Final.

o assassinato do Imperador Alexandre II (1818-81), espalhou-se o boato de que judeus haviam sido os responsáveis. Seguiu-se uma série de *pogroms* (atos de violência organizada), e o governo criou leis determinando que eles só poderiam viver em zonas urbanas, sem o direito de comprar propriedades rurais. Mais de um milhão de judeus optaram por fugir da Rússia. O antissemitismo continuou a vicejar na aurora do século XX. *Os Protocolos de Sião*, um texto forjado, popularizaram a teoria de que o povo judeu estava enredado numa vasta conspiração global para dominar o mundo. Na esteira da Revolução Russa também houve associações com o bolchevismo. O antissemitismo se tornaria especialmente influente numa das nações em que houvera maior integração da comunidade judaica à população: a Alemanha.

Juntamente com seus apelos nacionalistas pela restauração da grandeza alemã, Hitler também manipulou esse ódio de longa data. Ele e os nazistas culparam os judeus pela derrota do país na I Guerra Mundial e declararam que sua existência continuada em seu território era uma mácula que precisava ser removida. Após tomarem o poder em 1933, os nazistas criaram uma série de leis que retiraram dos judeus-alemães boa parte de seus direitos civis. As Leis de Nuremberg, de 1935, estipulavam que não poderiam mais ser cidadãos do país. Três anos depois, os nazistas organizaram a *Kristallnacht* ("Noite dos Cristais"), uma campanha nacional de violência e destruição voltada para lares, negócios e templos judeus. Em face do tratamento recebido, milhões de judeus-alemães fugiram do país, embora muitas nações tenham se recusado a recebê-los em grande número. Entre eles estava Otto

Frank (1889-1980), comerciante outrora baseado em Frankfurt, que se restabeleceu em Amsterdã com a esposa Edith (1900-45) e duas filhas. Trabalhava para um distribuidor de produtos alimentícios até que veio a abrir a própria empresa.

A família Frank viveu em paz em Amsterdã até 1940, quando a Alemanha invadiu e ocupou a Holanda. No ano seguinte, sob a vigência das novas leis antissemitas, Anne foi forçada a trocar de escola e se matricular em uma só para judeus. No seu aniversário de 13 anos, em 1942, ganhou um diário e começou a relatar o pouco de vida que ainda teria. Naquele mesmo ano, os líderes nazistas haviam se decidido pela "Solução Final para a Questão Judaica" na Conferência de Wannsee. A ideia anteriormente considerada havia sido reassentá-los fora da Europa, mas em Wannsee foi decidido eliminá-los. O método seria a deportação em massa da população judaica da Europa ocupada para campos de concentração e extermínio. Os maiores ficavam em território polonês. Lá, os prisioneiros enfrentariam doenças, desnutrição e trabalhos forçados, ao passo que milhões seriam assassinados em câmaras de gás e então incinerados. Enquanto isso, esquadrões da morte das SS, os *Einsatzgruppen*, perambulavam pela Europa ocupada e conduziam execuções sumárias de milhões de pessoas. Não só judeus. Os nazistas mataram mais de cinco milhões de outros "indesejáveis": prisioneiros soviéticos, poloneses, eslavos, ciganos, deficientes, adversários políticos, homossexuais e Testemunhas de Jeová.

Em 5 de julho de 1942, Margot (1926-45), irmã mais velha de Anne, recebeu uma ordem de deportação. A família se recolheu a um esconderijo no dia seguinte. Junto com quatro outros judeus, abrigaram-se no último andar do nº 263 da Prinsengracht, a casa do século XVII onde funcionava o negócio de Otto, no Centro de Amsterdã. Os amigos não judeus os assistiam com mantimentos, mas as condições no "Anexo Secreto", uma série de aposentos acessíveis por uma escada escondida por uma estante de livros, eram claustrofóbicas. Anne Frank escrevia diariamente, até 1º de agosto de 1944. Três dias depois, a Gestapo descobriu o esconderijo, possivelmente a partir de uma dica de informantes holandeses. Ela e sua família foram levadas para um campo de trânsito e depois para o leste, chegando a Auschwitz, na Polônia, em 3 de setembro. Anne e sua irmã Margot foram transferidas depois para o campo de Bergen-Belsen, onde morreram no início de 1945, provavelmente de tifo. Os pais permaneceram em Auschwitz, onde Edith morreu de fome. Otto sobreviveu até a libertação do campo pelo Exército Vermelho. Depois da guerra, voltou para Amsterdã, onde amigos que haviam vasculhado o Anexo

O Palácio da Justiça, Nuremberg

Era vital responsabilizar os nazistas pelo metódico genocídio cometido contra os judeus e por outros crimes de guerra. Um tribunal internacional foi montado – o local foi Nuremberg, uma cidade na Bavária onde haviam ocorrido alguns dos maiores comícios nazistas. Os julgamentos ocorreram no Palácio da Justiça, um complexo de tribunais, escritórios e uma prisão. A primeira leva durou de 20 de novembro de 1945 a 1º de outubro de 1946. Vinte e quatro altos membros da hierarquia nazista foram julgados – metade foi condenada à morte. Entre 1946 e 1949, houve uma série de doze outros julgamentos em Nuremberg para processar mais nazistas.

Secreto lhe entregaram o diário da filha. Após muito considerar, decidiu publicá-lo em holandês em 1947. O livro tornou-se um best-seller mundial, traduzido em mais de setenta idiomas e está entre os relatos mais lidos sobre o Holocausto. Em 1957, Otto Frank ajudou a criar a Fundação Anne Frank, que salvou a casa da Prinsengracht da demolição prevista. A Fundação comprou o imóvel, restaurou-o e abriu nele um museu em 1960. A casa de Anne Frank continua a ser uma lembrança do impacto horrendo e maligno do racismo e da discriminação.

O Hotel Mount Washington

Muitas das bases da estrutura da economia global contemporânea e das convenções do comércio internacional foram decididas em Bretton Woods, New Hampshire, no ano de 1944, em uma reunião das Forças Aliadas ocorrida no Hotel Mount Washington.

Em 1920, logo após a I Guerra Mundial, a Liga das Nações foi criada para ajudar a garantir a segurança coletiva de seus Estados-membros e promover o desarmamento. Essas ambiciosas metas foram invalidadas pelo fato de os Estados Unidos nunca terem entrado para a Liga e também por esta ter se mostrado incapaz de impedir o agressivo expansionismo das forças fascistas que acabou levando à eclosão da II Guerra Mundial em 1939.

Enquanto a II Guerra se desenrolava, os Aliados já olhavam para o futuro e faziam planos para criar um órgão que substituísse a ineficaz Liga das Nações. Em janeiro de 1942, as Forças Aliadas assinaram a "Declaração pelas Nações Unidas", segundo a qual a promessa de assegurar uma vitória total sobre o Eixo era parte de um compromisso com a preservação dos direitos humanos por todo o mundo. Esse acordo seria a base para a futura criação da Organização das Nações Unidas (ONU). Em 1944, os Aliados faziam planos para o mundo pós-guerra e tentavam encontrar uma forma de lidar com os enormes problemas econômicos que se anunciavam e também facilitar o comércio internacional no futuro. Com este fim, uma conferência de 730 delegados de todas as 44 nações Aliadas ocorreu naquele mês de julho.

Para sede da Conferência Monetária e Financeira das Nações Unidas foi escolhido o Hotel Mount Washington, estrutura palaciana construída entre 1900 e 1902 e instalada em local afastado na austera zona rural de New Hampshire. A Conferência de Bretton Woods durou de 1º a 22 de julho e levou à fundação de duas organizações de peso, cujos membros incluem hoje praticamente todos os países da Terra. Primeiro, foi criado o Banco Internacional para Reconstrução e Desenvolvimento (BIRD), que emprestava dinheiro a Estados em processo de reconstrução, a princípio mais voltado às nações europeias devastadas pela guerra. Posteriormente se tornaria parte do Banco Mundial, que ainda procura promover o desenvolvimento econômico e orientar políticas públicas. Em anos recentes, passou a se concentrar em reformas sociais e encorajar práticas, como igualdade de gênero, maior acesso à educação e sustentabilidade ambiental. A outra organização fundada na conferência foi o Fundo Monetário Internacional (FMI), que almejava ajudar a mediar a cooperação comercial e econômica entre nações. Os Estados-membros depositavam dinheiro todo ano em um fundo, ao qual podiam recorrer caso enfrentassem dificuldades financeiras. Esperava-se que isso fosse garantir a estabilidade do sistema de pagamentos internacionais entre países, o que por sua vez encorajaria a paz e a prosperidade. Além disso, o FMI tinha como uma de suas metas garantir que as taxas de câmbio permanecessem estáveis; a princípio, foram fixadas em torno do valor do ouro e do dólar americano, e os Estados-membros deveriam garantir que a

O Salão Central Metodista

A primeira Assembleia Geral da ONU, o encontro anual dos 51 Estados-membros originais, ocorreu entre 10 de janeiro e 14 de fevereiro de 1946. O local foi o Salão Central Metodista em Westminster, Londres, que existe desde 1911 e acomoda mais de 2 mil pessoas. Desde 1952, a Assembleia Geral se reúne na sede permanente da ONU em Nova York – embora em 1988 a sessão tenha sido transferida para Genebra, para que o líder palestino Yasser Arafat (1929-2004), a quem o governo americano negara o visto de entrada, pudesse comparecer.

variação não fosse muito grande. Após sediar a conferência, o Mount Washington reabriu para o público e está até hoje em funcionamento.

No ano seguinte à de Bretton Woods, em 1945, outra conferência internacional ocorreu em São Francisco (cinquenta nações compareceram) e produziu uma Carta final para a ONU. Entre muitas outras coisas, criou um Conselho de Segurança que ajudaria a assegurar a paz mundial e teria que aprovar quaisquer mudanças à Carta. Os membros permanentes seriam cinco (China, França, URSS, Reino Unido e Estados Unidos), todos com poder de veto. Também foi criada a Assembleia Geral anual de todos os Estados-membros, que funcionaria como um fórum de discussão, estabelecimento de políticas e do orçamento. A Carta da ONU foi assinada em São Francisco, em 26 de junho e o órgão, formalmente criado em 24 de outubro (em 1946, ocorreria a dissolução oficial da Liga das Nações). Tinha 51 membros fundadores, todos os quais haviam estado representados em São Francisco, com exceção da Polônia, excluída, pois seu status no pós-guerra ainda não fora decidido na ocasião. Embora a Guerra Fria tenha azedado as relações entre Leste e Oeste, a ONU se provou incrivelmente robusta e razoavelmente bem-sucedida no cumprimento das metas de fundação: promover a paz, a cooperação global e os direitos humanos. A admissão do Sudão do Sul em 2011 significa que a ONU tem hoje 193 membros plenos (além de dois observadores permanentes não membros, a Cidade do Vaticano e a Palestina), cobrindo portanto a maior parte do mundo.

O sistema de Bretton Woods foi central para o boom econômico do pós-guerra, que durou um quarto de século. Contudo, em 1971, os Estados Unidos anunciaram que o dólar não poderia mais ser convertido em barras de ouro. Desatrelado do padrão-ouro, o valor de câmbio do dólar americano e de outras moedas passaria então a "flutuar" de acordo com os altos e baixos do mercado. Na esteira dessa decisão, o padrão-ouro foi abandonado em todo o mundo. A princípio, houve inflação, mas a longo prazo a decisão foi benéfica à economia de maneira geral. O mais sério abalo econômico sofrido pelo mundo desde Bretton Woods foi a Crise Financeira Global de 2007-08, em que a queda dos preços de imóveis nos Estados Unidos engatilhou uma recessão internacional. Ainda que o desastre e um completo colapso das operações comerciais tenham sido evitados, tem havido pressões para que uma segunda Bretton Woods ocorra, com o potencial de efetuar reformas para impedir que uma crise global semelhante volte a ocorrer.

O Maracanã

Uma das grandes tendências socioculturais do século XX foi o surgimento dos esportes de massa. Não há eventos que atraiam público consistentemente na mesma proporção dos Jogos Olímpicos e da Copa do Mundo de Futebol. O Maracanã, no Rio de Janeiro, é sinônimo de ambos.

Embora eventos atléticos competitivos tenham ocorrido por toda a Antiguidade, os realizados na Grécia Antiga são os mais conhecidos e influentes. Já no século IX a.C., os jogos ocorriam regularmente para distinguir festivais religiosos. Os mais famosos eram em Olímpia, no noroeste do Peloponeso, em uma área rural próxima a um templo com uma monumental estátua de Zeus. Os primeiros Jogos Olímpicos registrados ocorreram no ano 776 a.C. – o único evento atlético foi uma corrida de 192 metros. Ao longo das edições seguintes, ocorridas a cada quatro anos, corridas mais longas foram adicionadas e também outros eventos, como lutas, salto em distância, arremessos de martelo e disco, boxe e corridas de biga. A participação era restrita a homens gregos livres (que competiam nus), vindos de todo o mundo helênico para perseguir a chance de ganhar a coroa de louros. Depois que os romanos passaram a controlar a Grécia, em meados do século II a.C., continuou a haver Jogos Olímpicos, mas sua importância diminuiu. Em última análise, foi a relação próxima com o paganismo que os levou a serem abolidos pelas autoridades imperiais romanas – agora cristãs – por volta do ano 400.

No final do século XIX, a urbanização e a mecanização causadas pela Revolução Industrial geravam preocupações com a saúde das pessoas, em especial as da classe operária. Da mesma forma, rivalidades imperialistas e o alistamento em massa tornavam muitos Estados ávidos em promover a aptidão física e os exercícios. Disseminava-se a noção de "sobrevivência dos fortes", e escolas e academias investiam mais tempo em exercícios. Essas tendências foram as inspirações-chave do educador francês Pierre de Coubertin (1863-1937), força motriz da ressurreição das Olimpíadas da Antiguidade nos anos 1890. Graças em grande parte aos esforços de Coubertin, o Comitê Olímpico Internacional (COI) foi criado em 1894. Dois anos depois, realizou-se em Atenas a primeira Olimpíada da Era Moderna.

Um dos esportes incorporados à segunda Olimpíada de Verão, ocorrida em Paris em 1900, foi o futebol (apenas para times masculinos – o torneio feminino só começaria a ser disputado no âmbito olímpico nos Jogos de Atlanta, em 1996). O esporte tinha suas raízes em jogos disputados na Inglaterra desde a era medieval, quando vilarejos vizinhos competiam para conduzir uma bola, por quaisquer meios necessários, através de algum tipo de gol (às vezes, a entrada da paróquia do time adversário). No século XIX, esses jogos, frequentemente violentos e

Much Wenlock

O dr. William Penny Brookes (1809-95), cirurgião e magistrado de Wenlock, um agrupamento de povoados no condado inglês de Shropshire, ansiava por promover a aptidão física entre a classe operária local. Os "Jogos Olímpicos de Wenlock" foram realizados pela primeira vez na cidade de Much Wenlock, em 22 e 23 de outubro de 1850, consistindo principalmente numa série de provas de atletismo. Tornou-se um evento anual (ocorre até hoje) e foi a inspiração maior por trás da ressurreição das Olimpíadas ancestrais por parte de Pierre de Coubertin.

caóticos, haviam começado a ser codificados por diferentes clubes esportivos e escolas. Em 1863, a Football Association (FA) foi criada em Londres; regras foram acordadas e clubes de toda a Inglaterra se filiaram para competir uns com os outros. O esporte começou então a se disseminar fora do país natal; em 1873, foi criada a Associação Escocesa de Futebol, um ano depois de Inglaterra e Escócia disputarem a primeira partida internacional da modalidade (um empate em 0 x 0). Ao fim do século, jogava-se futebol em caráter organizado mundo afora, frequentemente levado por trabalhadores ou educadores ingleses. Em 1904, a Federação Internacional de Futebol Associado (mais conhecida pela sigla FIFA) foi fundada em Paris para organizar competições entre as nações. Hoje, seus membros são 211 – mais até do que os 193 da ONU.

Em poucos lugares o futebol foi adotado com mais paixão do que no Brasil. Seu início no país como esporte organizado se deu ao fim do século XIX, disputado por clubes cujos membros eram basicamente da elite branca. Classes operárias e a população não branca acabariam por ser incluídas, e o jogo foi promovido pelos que desejavam criar um sentido de união nacional. O futebol brasileiro viria a se tornar sinônimo de genialidade e excelência, mas a princípio a Seleção Nacional não alcançou sucesso global. Nas duas primeiras Copas do Mundo, ocorridas no Uruguai, em 1930, e na Itália, em 1934, o time foi eliminado na primeira fase. Na terceira, realizada em 1938, na França, ficou somente na terceira posição. Depois de duas Copas do Mundo serem canceladas por causa da II Guerra Mundial, o torneio de 1950 foi marcado para o Brasil. Construiu-se um estádio novo no Rio de Janeiro. Com estrutura em dois níveis, recebeu o nome oficial de Jornalista Mário Filho (1908-66), uma homenagem ao "maior jornalista esportivo que o Brasil já teve" e figura central na promoção de sua construção. Porém, ficou mais conhecido pelo nome do bairro onde foi erguido, o Maracanã. O torneio teve seu ponto culminante em 16 de julho. Lotado com pelo menos 199.854 pessoas (se forem levados em consideração espectadores não pagantes, havia cerca de 5 mil a mais), o Maracanã sediou a final entre Brasil e Uruguai. Os anfitriões precisavam só de um empate para serem campeões, mas o Uruguai surpreendeu o mundo ao vencer por 2 x 1 e conquistar a Copa. Muitos no Brasil acreditavam que a vitória era certa, e a derrota foi encarada como uma tragédia nacional. No entanto, a nação se recuperaria desse revés ao vencer a Copa de 1958 – primeira de suas cinco vitórias, um número recorde (o Brasil, no entanto, jamais venceu a Copa Feminina, realizada desde 1991). Apesar do trauma de sua inauguração, o Maracanã viraria uma das catedrais do futebol brasileiro, recebendo regularmente públicos de mais de 150 mil em partidas de clubes e jogos internacionais. Quando o Brasil obteve o direito de sediar a Copa do Mundo de 2014, passou por uma vasta reforma, que lhe diminuiu a capacidade para 78.838 espectadores (todos sentados, porém). Embora o estádio tenha sediado a partida final, o time brasileiro não tomou parte nela, tendo sido eliminado na semifinal.

O Maracanã teve papel central na Olimpíada de Verão de 2016, realizada em uma série de locais espalhados pelo Rio de Janeiro. Lá ocorreram as cerimônias de abertura e de encerramento, assim como algumas partidas de futebol, entre elas a final do torneio masculino, que o Brasil ganhou então pela primeira vez. A realização dos Jogos no Brasil causou polêmica entre a população local – o país passava por um período de dificuldades econômicas e muitos acreditavam que o dinheiro gasto poderia ser melhor utilizado para ajudar a população pobre. Além disso, o governador se via enredado em polêmicas, em meio a alegações de corrupção (acabaria preso). Algumas semanas antes de os Jogos começarem, houve protestos nas cercanias do Maracanã, que culminaram em embates violentos com a polícia.

Nove em cada dez aficionados por futebol ao redor do mundo consideram até hoje o Maracanã o mais icônico palco para a prática do esporte bretão. Para os brasileiros, o Maraca (como é carinhosamente conhecido), é uma unanimidade.

O milésimo gol de Pelé (o maior jogador de todos os tempos) foi no Maracanã, em 19 de novembro de 1969.

A Zona Desmilitarizada da Coreia

Desde 1953, a Península da Coreia está dividida em Estados distintos, e cada um professa ideologias marcadamente diferentes. Enquanto a Coreia do Sul é democrática, a Coreia do Norte é um dos últimos bastiões remanescentes do comunismo no mundo. Em meio às duas, dividindo-as, está a Zona Desmilitarizada.

Após o término da II Guerra Mundial, uma das grandes dúvidas que permaneciam era o destino da Coreia, desde 1910 submetida ao controle do recém-derrotado Japão Imperial. Em 1945, União Soviética e Estados Unidos dividiram suas respectivas zonas de ocupação ao longo do paralelo 38. Embora o expediente tenha sido

Dien Bien Phu

Em 2 de setembro de 1945, Ho Chi Minh (1890-1969), que havia liderado a resistência contra a ocupação japonesa, declarou a independência do Vietnã. A França, que colonizara o território originalmente, não aceitou e entrou em guerra contra as forças pró-independência em 1946. Como Ho era comunista, instituiu-se um conflito por procuração entre rivais da Guerra Fria. O grande desdobramento final foi a derrota francesa em Dien Bien Phu, no noroeste do Vietnã, em 1954. Levou à retirada dos franceses e à divisão do Vietnã entre um Estado comunista ao norte e outro, pró-ocidente, ao sul. O conflito entre os dois teve início em 1955; apesar da intervenção dos Estados Unidos em prol do Vietnã do Sul, o Vietnã do Norte triunfou em 1975, reunificando a nação sob seu governo.

previsto para ser não mais do que temporário, a desconfiança crescente impediu as duas superpotências da Guerra Fria de entrar em acordo por uma solução para reunificar o país. Em 1948, criou-se no norte a República Popular Democrática da Coreia, comunista e autocrática, comandada por Kim Il-sung (1912-94), um ex-líder guerrilheiro. O Estado ao sul era a República da Coreia, na qual eleições supervisionadas pela ONU foram vencidas pelo pró-americano Syngman Rhee (1875-1965). Ambos pleiteavam soberania sobre toda a península, e isto, somado às diferenças ideológicas, levava a frequentes conflitos de fronteira.

Em 25 de junho de 1950, tendo obtido o apoio soviético aos seus atos, os norte-coreanos promoveram uma invasão massiva cruzando o paralelo 38. Três dias depois já haviam capturado Seul, mas a perda da capital não resultou em imediata rendição sul-coreana. O governo americano, temeroso de que o domínio comunista em toda a Coreia pudesse gerar um efeito dominó (arrastando países do entorno), comprometeu-se a intervir. Após obterem apoio da ONU, forças americanas começaram a chegar. Somadas a combatentes de outros quinze países, formariam 90% do Comando das Nações Unidas, a força multinacional que apoiava a Coreia do Sul. Os americanos inicialmente lutaram junto aos aliados sul-coreanos, mas logo recuaram para a linha defensiva denominada Perímetro de Pusan, na extremidade sudeste da península, lutando desesperadamente por sobrevivência até que chegassem reforços. Chegaram em setembro, quando forças da ONU contra-atacaram via invasão anfíbia da cidade portuária de Incheon, que levou à recaptura de Seul. Seguiu-se então um avanço da ONU paralelo 38 adentro que a fez se aproximar rapidamente do norte. Foi quando a China interveio formalmente na guerra, levando a ONU a recuar para o sul, abaixo do paralelo 38, até o fim do ano. Nesse momento, ainda que não estivesse formalmente envolvida no conflito, a União Soviética enviou aviões e pilotos (que se faziam passar por chineses ou coreanos) para se juntar à luta pela supremacia aérea.

Com a chegada do Ano-Novo, o palco principal do cada vez mais acirrado conflito era ao longo do paralelo 38. Embora os comunistas tivessem a vantagem numérica, os americanos estavam envolvidos numa devastadora campanha de bombardeio à Coreia do Norte. Com as baixas se acumulando e a incerteza quanto a qualquer dos lados ter o caminho demarcado para a vitória, um fim negociado para o conflito tornou-se cada vez mais atraente para todos os envolvidos. As conversas formais pela paz tiveram início em julho de 1951, em Kaesong, cidade que havia sido a capital da Coreia do século X ao XIV. Em outubro, foram transferidas para o pequeno vilarejo de Panmunjom. Ainda que as negociações avançassem, os combates continuavam sem que nenhum dos dois lados obtivesse ganhos significativos. Em 27 de julho de 1953, o Acordo de Armistício Coreano foi finalmente assinado em Panmunjom. Embora não constituísse um tratado formal de paz, declarava que hostilidades armadas deveriam cessar. Em torno da linha demarcatória entre as duas Coreias, que se estendia nas proximidades do paralelo 38, foi criada uma zona-tampão de quatro quilômetros de diâmetro, batizada de Zona Desmilitarizada. Além disso, houve uma troca dos milhares de prisioneiros de guerra de ambos os lados. Soldados do Comando das Nações Unidas, predominantemente americanos, ficaram em seus postos para ajudar a garantir a segurança da Coreia do Sul. Ao todo, a Guerra da Coreia custara cerca de 5 milhões de vidas, metade das quais eram civis.

A Zona Desmilitarizada permaneceu fortificada e é a fronteira mais fortemente armada do mundo, além de local de ocasionais escaramuças. O único ponto onde as tropas se postam frente a frente é a Área de Segurança Conjunta, complexo de edifícios próximo a Panmunjom, estabelecido como uma zona neutra para encontros diplomáticos e negociações. A vida dos dois lados da Zona Desmilitarizada é incrivelmente diferente. A Coreia do Norte continuou a ser uma ditadura totalitária de partido único sob Kim Il-sung e seus sucessores – primeiro o filho, Kim Jong-il (1941-2011), e depois o neto, Kim Jong-un (nascido em 1983). Além da dura repressão política, o país vivenciou fome em massa na esteira do colapso da URSS, que era sua grande apoiadora. Apesar disso, continuou a investir pesado em poderio militar, desenvolvendo até mesmo armas nucleares. A história da Coreia do Sul no pós-guerra é diferente. Ao final do conflito era um dos países mais pobres do mundo, mas, a partir dos anos 1960, vivenciou um rápido crescimento econômico. Além disso, após uma série de governantes não eleitos e apoiados por militares, o país realizou suas primeiras eleições democráticas em 1987. Àquela altura, já havia se transformado num importante centro industrial; hoje é uma das nações mais desenvolvidas e prósperas da Terra.

Sukhoy Nos

Pairava sobre a Guerra Fria o manto da ameaça de aniquilação nuclear. Depois que a União Soviética desenvolveu sua própria bomba nuclear em 1949, soviéticos e americanos conduziram testes de dispositivos cada vez mais poderosos. O maior foi a Tsar Bomba, que os soviéticos detonaram em 30 de outubro de 1961 em Sukhoy Nos, uma área de testes na Ilha de Severny, no Oceano Ártico russo. Criou uma nuvem de cogumelo de 64 km de altura e estilhaçou janelas até mesmo na Noruega.

O Cosmódromo de Baikonur

A rivalidade entre Estados Unidos e União Soviética na Guerra Fria não ficava restrita à Terra, chegava também ao céu. Ao longo dos anos 1950 e 1960, as superpotências se digladiaram pelo domínio da Corrida Espacial. Os soviéticos escolheram as Estepes do Cazaquistão para construir sua base principal.

Depois da II Guerra Mundial, tanto americanos como soviéticos desenvolveram tecnologias cada vez mais sofisticadas de mísseis balísticos. Para isso, ambos recrutaram ativamente cientistas e engenheiros alemães que haviam participado do programa de mísseis nazista. Era tanto uma questão militar como de segurança nacional (os projéteis eram concebidos para serem usados no disparo de armas nucleares), além de simbólica do confronto ideológico entre comunismo e capitalismo. Em meados dos anos 1950, já havia foguetes grandes e poderosos o bastante para ultrapassar a órbita da Terra e mandar objetos para o espaço, palco seguinte da competição da Guerra Fria.

Um aspecto-chave dos programas espacial e de mísseis soviéticos era a discrição. Em 1955, quando estavam construindo uma nova plataforma de lançamento de mísseis balísticos, precisavam de algum lugar relativamente remoto, em área de planície aberta (para que nada interferisse com os sinais de rádio) e o mais perto possível do equador (onde a superfície da Terra girava mais rápido). O local selecionado ficava próximo a um vilarejo chamado Tyuratam, em uma área desértica e árida no sul do Cazaquistão. Para confundir as potências estrangeiras a respeito da localização, recebeu posteriormente o codinome Baikonur, que também batizava uma cidade mineira a mais de 320 km dali.

Escolhido o local, o aparato governamental soviético entrou em ação; ferrovias e estradas foram construídas para ligar Baikonur ao restante da nação, enquanto uma cidade surgiu no entorno de Tyuratam para abrigar os funcionários (em 1966, ganharia o status de municipalidade e mudaria o nome para Leninsk; também ficou conhecida como "Cidade das Estrelas"). Embora o local tenha virado sinônimo de voos espaciais, sempre foi igualmente um campo de provas para mísseis de longo alcance. Em 1957, os soviéticos lançaram de Baikonur, com êxito, o R-7 Semyorka. Foi o primeiro míssil balístico intercontinental da História, com alcance de cerca de 6.000 km; os que vieram depois eram capazes de viajar distâncias ainda maiores e com maior grau de precisão. Era também poderoso o bastante para ser usado para lançar itens em órbita.

No início, os soviéticos dominaram a Corrida Espacial. Uma série de lançamentos bem-sucedidos partiu do Cosmódromo de Baikonur, entre eles o do foguete R-7, que, em 4 de outubro de 1957, levava o Sputnik 1. Pesando apenas 83,6 kg, foi o primeiro satélite artificial a orbitar a Terra, completando um circuito a cada 96 minutos até o ano seguinte, quando da reentrada na atmosfera, e foi consumido pelas chamas. Apenas um mês após o primeiro lançamento, os soviéticos enviaram ao espaço o Sputnik 2, que transportava uma cadela vira-lata chamada Laika – ela

O Centro Espacial Kennedy

Em 1962, em busca de uma área grande o bastante para lançar um foguete que pudesse chegar à Lua, a NASA adquiriu terras em Merritt Island, na Flórida. A construção começou no mesmo ano. Era adjacente ao Cabo Canaveral, onde ficava a plataforma de lançamento de muitas missões anteriores da NASA. O Centro Espacial Kennedy ganhou o nome atual em 1963, após o assassinato do presidente, cujo desafio de enviar um homem à Lua inspirara sua construção. Foi de lá que partiu a Apollo 11, responsável pelo primeiro pouso na Lua, em 20 de julho de 1969, bem como várias outras missões lunares. A Skylab, primeira estação espacial americana, também foi lançada de lá, onde ainda decolaram e pousaram ônibus espaciais.

foi a primeira criatura viva a ir ao espaço. Laika morreu seis horas após o início da missão por um misto de medo e superaquecimento. A era de êxito soviético culminou com o lançamento do Vostok 1 (uma variação do R-7), que levou ao espaço sideral uma cápsula na qual estava o ex-piloto da Força Aérea Yuri Gagarin (1934-68). Em uma missão de 108 minutos de duração, ele se tornou o primeiro humano a entrar em órbita. Foi um grande golpe de propaganda para a União Soviética.

Gagarin tornou-se uma celebridade mundial, mas nunca mais foi designado para quaisquer missões espaciais, pois as autoridades soviéticas não queriam correr o risco de perder uma figura tão proeminente. Apesar da precaução, ainda assim teria morte precoce, quando o avião que pilotava caiu durante um voo de treinamento. Também foi de Baikonur que saiu, em 1963, a primeira mulher a ir ao espaço, Valentina Tereshkova (nascida em 1937), ex-operária têxtil e paraquedista amadora.

O domínio soviético dos voos espaciais tripulados terminou em meados dos anos 1960. Em reação ao desafio do Presidente John F. Kennedy (1917-63) de pôr um homem na Lua até o fim da década, a NASA (Administração Nacional da Aeronáutica e Espaço) redobrou seus esforços (auxiliada por um orçamento engordado em 500%) e acabou por ultrapassar os soviéticos. Em 1969, os americanos fariam o primeiro de seis pousos bem-sucedidos na Lua. Enquanto isso, entre aquele ano e 1972, quatro tentativas soviéticas de lançar uma missão lunar fracassaram, ainda que tenham obtido grande êxito em 1971 ao lançarem de Baikonur a Salyut-1, sua primeira estação espacial. Para todos os efeitos, a Corrida Espacial terminou em 1975 com a missão conjunta Soyuz-Apollo, quando naves dos Estados Unidos e da União Soviética se acoplaram em órbita e as tripulações fizeram experimentos científicos.

Em 1991, a União Soviética se dissolveu e a República Socialista Soviética Cazaque virou a nação independente do Cazaquistão. Contudo, os russos fizeram um acordo com o governo cazaque para poderem continuar a usar o Cosmódromo de Baikonur em troca de 115 milhões de dólares anuais à guisa de aluguel. Quatro anos depois, em ato simbólico da reversão do comunismo, o nome da cidade de Leninsk foi mudado oficialmente para Baikonur. O local continua a ser um grande centro de exploração do espaço, usado para lançar ônibus espaciais e naves não tripuladas. Seu papel mais importante hoje é ser um dos principais pontos de partida de missões à Estação Espacial Internacional, base orbital que recebe cientistas, astronautas, cosmonautas e turistas espaciais de todo o mundo (já teve visitantes de dezoito países até o momento) e se encontra continuamente em operação desde o lançamento em 1998.

A Delegacia de Sharpeville

Sob o regime do Apartheid, era comum que a população não branca da África do Sul fosse realocada em áreas racialmente segregadas, denominadas *townships*. As condições nesses lugares eram medíocres, com infraestrutura ruim e limitada oferta de empregos. A mais infame das *townships* é Sharpeville, local de uma atrocidade que transformou a história do país.

Durante os anos 1950, 1960 e 1970, ao longo de toda a África, países se tornavam independentes à medida que as potências europeias se livravam de seus territórios coloniais após o desfecho da II Guerra Mundial. Na África do Sul, a situação era diferente. Após a Segunda Guerra dos Bôeres (1899-1902), havia sido criada em 1910 a União da África do Sul, a partir da junção de duas colônias britânicas e duas repúblicas bôeres. O governo local gozava de autonomia desde que fora instituído e, em 1931, o Estatuto de Westminster efetivamente conferira a independência à nação ao remover os direitos do Parlamento Britânico de legislar em seu nome. A vida política e econômica da África do Sul era dominada pela população

Witwatersrand

A História da África do Sul foi transformada por uma encosta rochosa chamada Witwatersrand. Em 1886, foi descoberto que ali havia jazidas abundantes de ouro, o que desencadeou uma onda de migração. O Witwatersrand era parte do Transvaal, uma de duas repúblicas independentes (o Estado Livre de Orange é a outra) fundadas pelos bôeres, descendentes de colonizadores europeus, holandeses em especial, de fala africâner. O controle do Witwatersrand foi uma das causas centrais da Segunda Guerra dos Bôeres, que teve início em 1899. Após combates implacáveis, os britânicos venceram em 1902, tendo visado deliberadamente a população civil no intuito de forçar as repúblicas bôeres a se renderem.

minoritária branca por meio da privação sistemática do direito dos negros ao voto e à limitação do direito à propriedade. Havia ainda segregação social informal com base na cor. Depois de 1948, tudo isso foi formalizado pelo sistema do Apartheid ("separação", em africâner), uma série de leis que impunham a supremacia branca. Todos os sul-africanos eram registrados pela raça, e assim era determinado onde poderiam viver e trabalhar, com segregação rígida do espaço público.

Essas políticas racistas geraram uma forte reação no exterior contra o governo da África do Sul, com muitas nações condenando seus atos e pondo em prática embargos comerciais. No âmbito doméstico, um amplo movimento anti-Apartheid já se solidificara na década de 1950, e protestos e manifestações de massa ocorriam no país inteiro. O governo reagiu reprimindo todo tipo de resistência, tentando silenciar quaisquer vozes dissidentes com violência, censura e prisões. A mais importante organização anti-Apartheid era o Congresso Nacional Africano (CNA), que havia sido fundado em 1912 para lutar por igualdade no direito ao voto. Um de seus principais líderes foi Nelson Mandela (1918-2013), filho do chefe de um clã. Ele, e muitos membros do CNA, tendiam a favorecer protestos com métodos não violentos e resistência passiva a princípio, mas o que ocorreu em Sharpeville os fez mudar de opinião.

Um dos fundamentos do Apartheid era a separação do país em diferentes zonas para grupos raciais distintos. Isso era posto em prática por meio da Lei do Passe, segundo a qual todos os pretos com mais de 16 anos de idade tinham que levar documentos de identificação caso viajassem para fora das áreas restritas. Quem não estivesse com a documentação em dia poderia ser preso. Tais cadernetas de passe eram profundamente odiadas e frequentemente queimadas por manifestantes como símbolo da resistência ao Apartheid. Em 1960, o Congresso Pan-Africanista, uma dissidência do CNA que havia se separado no ano anterior, anunciou uma manifestaçao nacional contra a Lei do Passe. A data marcada foi 21 de março (o CNA planejava promover seus próprios protestos dez dias depois).

Naquele dia, houve protestos por toda a África do Sul. O CPA conclamou o povo preto a não portar os passes e exigir ser preso. A esperança era de que os atos fizessem a nação parar. Naquela manhã em Sharpeville, uma multidão que chegou a ter 5 mil pessoas se aglomerou na porta da delegacia. As manifestações foram pacíficas de maneira geral. A multidão cantava canções e gritava palavras de ordem. A polícia reagiu ordenando que aviões voassem baixo sobre os manifestantes enquanto reforços em carros blindados eram enviados, subindo o número de policiais para 300. Por volta de uma e quinze da tarde, houve um movimento abrupto na multidão. Sem aviso, um policial atirou. Muitos outros o seguiram. Dois minutos depois, 69 manifestantes estavam mortos e algo em torno de 200 estavam feridos. Muitos haviam tomado tiros nas costas enquanto tentavam fugir. Em reação ao massacre, distúrbios, marchas e greves tomaram conta do país. O governo declarou estado de emergência e pôs o CNA na ilegalidade.

Na esteira de Sharpeville, as Nações Unidas instaram o governo sul-africano a dar fim ao Apartheid. Mandela percebeu que, para atingir tal fim, seria preciso lançar mão de métodos mais militantes. Em 1961, ajudou a fundar o Umkhonto we Sizwe ("Adaga da Nação"), o braço armado do CNA, que atacava instalações do governo e sabotava sua infraestrutura. Mandela passou a ser procurado e teve que partir para a clandestinidade. Em 1962, após passar algum tempo na Argélia recebendo treinamento em técnicas de combate de guerrilha, foi parado em uma blitz na estrada, preso e condenado a cinco anos de prisão pelos seus atos. A situação piorou no ano seguinte: uma batida policial em um esconderijo do CNA em Rivonia, subúrbio de Johannesburgo, encontrou planos para resistência armada, além de armas propriamente ditas. Mandela e dez outros foram julgados por conspiração, sabotagem e traição. O julgamento terminou em 1964, e oito dos dez, entre eles Mandela, foram condenados à prisão perpétua.

Enquanto Mandela penava na prisão, a luta contra o regime se intensificava. As fortes sanções internacionais fizeram da África do Sul um pária internacional, e confrontos entre manifestantes e a polícia tornaram-se mais comuns. Com a escalada da violência durante os anos 1980, tiveram início negociações secretas entre o governo e o CNA visando o fim do Apartheid. Isso levou à libertação de Mandela da prisão em 1990 e à legalização do CNA. Depois de mais negociações, em 1994 foram realizadas eleições nas quais todos os sul-africanos puderam votar em condições de igualdade. O CNA saiu vitorioso e Mandela foi encarregado de formar o primeiro governo pós-Apartheid do país, servindo como presidente até 1999. Em seu solitário mandato, criou uma Comissão da Verdade e da Reconciliação para revelar os crimes contra os direitos humanos da era do Apartheid e, em 1996, promulgou uma nova Constituição que reconheceu a igualdade de todos os cidadãos do país perante a lei em caráter permanente. Para assiná-la e torná-la lei, escolheu Sharpeville.

CERN

Mais do que qualquer outra inovação recente, a World Wide Web (WWW) transformou a sociedade, a política e a economia do mundo ao possibilitar que volumes gigantescos de informação circulassem quase que instantaneamente. Ela teve início na Organização Europeia para a Investigação Nuclear (mais conhecida pela abreviação do nome original em francês, *Conseil européen pour la recherche nucléaire*, CERN) – uma entre as muitas inovações de ponta que ocorreram lá.

O Conselho Europeu para Pesquisa Nuclear foi formado em caráter provisório em 1952, em Paris. Doze Estados membros-fundadores contribuíam para seu orçamento e para as operações (dez outros países entrariam para o CERN, que hoje tem 22 membros e, em 2014, aceitou Israel, o primeiro Estado não europeu a integrá-lo). A intenção inicial era de que fosse primordialmente dedicado à física de partículas, o estudo dos menores objetos que existem, e aproveitasse a força coletiva de cientistas de diferentes nações trabalhando em conjunto. O CERN foi oficialmente criado em 1954, quando sua constituição foi ratificada. Ao mesmo tempo, o "conselho" do nome foi substituído por "organização", mas o órgão continuou a ser conhecido pela mesma sigla. De acordo com sua constituição, as pesquisas devem ser puramente científicas, sem focar em demandas militares. Seu trabalho não deveria ser conduzido em segredo, e sim disponibilizado para o público.

A SALA 3420 DO BOELTER HALL, UNIVERSIDADE DA CALIFÓRNIA, LOS ANGELES (UCLA)

A ARPANET foi uma importante precursora da internet. Quando começou a operar, em 1969, tinha quatro nós. Um era na UCLA, numa pequena sala no porão. Lá, em 29 de outubro, foi enviada a primeira mensagem via ARPANET para o Instituto de Pesquisa de Stanford. Foi "lo" – o operador estava tentando digitar "login", mas o sistema caiu antes que ele pudesse terminar.

A base principal do CERN fica em Meyrin, uma pequena aldeia (atualmente um subúrbio residencial) nos arredores de Genebra, perto da fronteira com a França. Acabou por se estender além da fronteira, e hoje mais de 80% das instalações estão em território francês. O primeiro grande feito do CERN foi a construção de um acelerador de partículas em 1957. Essas máquinas são usadas para acelerar um feixe de partículas (como elétrons ou prótons) até atingirem altas velocidades no vácuo e então dirigir-lhes o progresso por meio de campos magnéticos. Uma vez que as partículas atinjam a velocidade desejada, fazem-nas colidir com um alvo ou outro feixe, com detectores registrando os resultados da ocorrência. Isto permite aos cientistas descobrirem mais sobre a natureza dos blocos de construção fundamentais do universo e observarem o comportamento das partículas. Ao longo das décadas, muitos outros aceleradores de partículas foram construídos no CERN. Entre eles, o Grande Colisor de Hádrons (LHC, na sigla em inglês), um anel subterrâneo com 27 km de extensão, que avança sob o território francês. Construído entre 1998 e 2008, entrou em operação plena em 2009. Experimentos no LHC confirmaram a existência do Bóson de Higgs, que dota de massa todas as partículas, e antes era apenas uma teoria.

A internet é simplesmente uma rede que permite a computadores se conectar e compartilhar informações uns com os outros. Uma de suas iterações pioneiras foi a Rede da Agência para Projetos de Pesquisa Avançada (ARPANET, na sigla em inglês), criada em 1969 com verba do Departamento de Defesa dos Estados Unidos. Ela usava um método chamado comutação de pacotes, que partia dados em pedaços menores, remontando-os quando chegavam ao destino, permitindo transmissão muito mais rápida. Nos anos 1970 e 1980, a internet era pouco conhecida fora de um pequeno círculo de acadêmicos, cientistas e funcionários públicos. Tudo isso mudaria graças ao trabalho do CERN.

O Palazzo dei Conservatori

O CERN não foi a única organização pan-europeia criada após a II Guerra Mundial. A mais significativa do ponto de vista político foi a União Europeia, cuja origem foi a Comunidade Econômica Europeia. Ela surgiu pelo Tratado de Roma, assinado pelos seis membros fundadores (Bélgica, França, Itália, Luxemburgo, Holanda e Alemanha Ocidental). A cerimônia ocorreu no Palazzo dei Conservatori, um palácio medieval que fora reformado por Michelangelo nos anos 1530.

Em 1989, um engenheiro e cientista da computação britânico que trabalhava no CERN, Tim Berners-Lee (nascido em 1955), concebia um sistema para cientistas de países diferentes poderem transferir facilmente arquivos eletrônicos entre computadores por meio da internet. Ele propôs a WWW como solução para o problema. Desenvolveu então o primeiro website da História, que entrou no ar em 6 de agosto de 1991, contendo informações sobre como usar e desenvolver a WWW. Em 1993, Berners-Lee, em sintonia com a diretriz política do CERN, disponibilizou o software gratuitamente para o público usar. Isso, juntamente com a queda dos preços de computadores pessoais (que estavam se tornando mais poderosos do que nunca), levou à explosão da internet e à sua chegada à esfera pública. Entre 1990 e 2000, o número de usuários da rede mundo afora cresceu de maneira espetacular – de 2,6 milhões para mais de 400 milhões. Hoje, o número passa da casa de 3 bilhões de usuários, representando quase metade da população mundial. Muitos a acessam por meio de dispositivos móveis, que permitiram às pessoas manter uma conectividade quase constante com a WWW.

A ubiquidade da internet, em particular no mundo desenvolvido, é um aspecto fundamental da sociedade do século XXI. Empresas de tecnologia exercem um enorme poder sobre nossas vidas cotidianas, e as "Cinco Grandes" (Amazon, Apple, Facebook, Google e Microsoft) dominam o setor. A WWW e a internet nem sempre têm estado à altura do idealismo fomentado pelo CERN. Ainda que a intenção fosse que aproximassem as pessoas, em muitos aspectos as tecnologias podem ter encorajado certa alienação da sociedade entre algumas, além de levantado questões a respeito de riscos da vigilância digital sobre nossas atividades online e até nossa vida doméstica, e a comercialização a galope de nossos dados pessoais. Dito isso, a internet e a WWW tiveram um impacto positivo sobre a humanidade de muitas formas, entre elas proporcionar a comunicação instantânea, permitir o compartilhamento e preservação de dados digitalizados e ajudar a simplificar transações financeiras. Independentemente disto, está claro que a ideia de Berners-Lee nos tempos do CERN transformou o mundo e continua a fazê-lo.

CONCLUSÃO

Todos os cantos do mundo têm o potencial para serem locais históricos. Até tendências de longo prazo podem frequentemente ser cristalizadas numa locação em particular. Por exemplo, a história da criação de uma economia global industrializada pode ser narrada por intermédio de uma hospedaria em Bruges, um pequeno vilarejo na Escócia e um subúrbio residencial em Genebra. A ascensão de civilizações ancestrais no Egito e na China pode ser desvendada por meio dos rios Huang He e Nilo. Personagens históricos costumam ser inextricavelmente ligados a um lugar que ilumina suas trajetórias – como seria possível contar a história do Buda ou de Luís XIV sem entender a Árvore Bodhi ou o Palácio de Versalhes? Os grandes conflitos que definiram nossa História podem frequentemente ser rastreados de volta a um único ponto, como uma torre de rádio na fronteira entre a Alemanha e a Polônia.

À medida que nos encaminhamos para passar mais tempo no ambiente digital, talvez haja alguns que duvidem que momentos históricos possam sempre estar amarrados a um espaço físico. Contudo, a internet existe de fato no sentido tangível em lugares como torres de servidores e centros de processamento de dados, que podem muito bem vir a ser os lugares que moldarão a História futura. Por fim, ainda que a humanidade colonize as estrelas, não há dúvida de que os avanços científicos e as decisões políticas que tornarem isto possível terão raízes em algum lugar específico do mundo.

AGRADECIMENTOS

Este livro não teria sido possível sem a brilhante equipe da Michael O'Mara Books, em particular minha editora, Gabriella Nemeth. Gostaria de agradecer também a David Inglesfield pelo seu trabalho de copidesque, a Aubrey Smith pelas ilustrações e a David Woodroffe pelos mapas. Obrigado ainda aos meus alunos e colegas pelas observações críticas e pelas discussões ao longo dos anos.

Por fim, minha gratidão mais sincera às pessoas extraordinárias da British Library pelo trabalho incrível que fazem.

Bibliografia Selecionada

Field, J.F., *A história da Europa para quem tem pressa*, Editora Valentina, 2019

Finkel, C., *Osman's Dream: The Story of the Ottoman Empire 1300-1923*, John Murray, 2006

Grant, R.G. (ed.), *1001 Battles That Changed the Course of History*, Cassell, 2011

Grine, F.E., Fleagle, J.G. e Leakey, R.E. (eds.), *The First Humans – Origin and Early Evolution of the Genus Homo*, Springer, 2009

Judt, T., *Pós-guerra: História da Europa desde 1945*, Edições 70, 2017

Loewe, M. e Shaughnessy, E.L. (eds.), *The Cambridge History of Ancient China: From the Origins of Civilisation to 221 BC*, Cambridge University Press, 1999

Mango, C. (ed.), *The Oxford History of Byzantium*, Oxford University Press, 2002

Oliver, R. e Atmore, A., *Medieval Africa, 1250-1800*, Cambridge University Press, 2001

Seth, M.J., *A Concise History of Korea From Antiquity to the Present*, Rowman & Littlefield, 2016

Shaw, I. (eds.), *The Oxford History of Ancient Egypt*, Oxford University Press, 2000

Speake, G. (ed.), *Encyclopedia of Greece and the Hellenic Tradition*, Fitzroy Dearborn, 2000

Van De Mieroop, M., *A History of the Ancient Near East ca. 3000-323 BC*, Blackwell, 2004

SOBRE O AUTOR

JACOB F. FIELD é historiador e escritor. Autor de *Uma breve história do mundo em 50 animais*, *A história da Europa para quem tem pressa*, *The Eccentric Mr. Churchill*, *D-Day in Numbers*, *We Shall Fight on the Beaches: The Speeches That Inspired History* e *One Bloody Thing After Another: The World's Gruesome History*. Formou-se em Oxford e fez doutorado em Newcastle, onde escreveu sua tese sobre o Grande Incêndio de Londres, posteriormente publicada como monografia acadêmica. Morou na Nova Zelândia, onde lecionou História nas universidades de Massey e Waikato. Atualmente é pesquisador afiliado à Universidade de Cambridge, onde trabalha com a história econômica da Inglaterra, em particular de Londres.

LEIA TAMBÉM

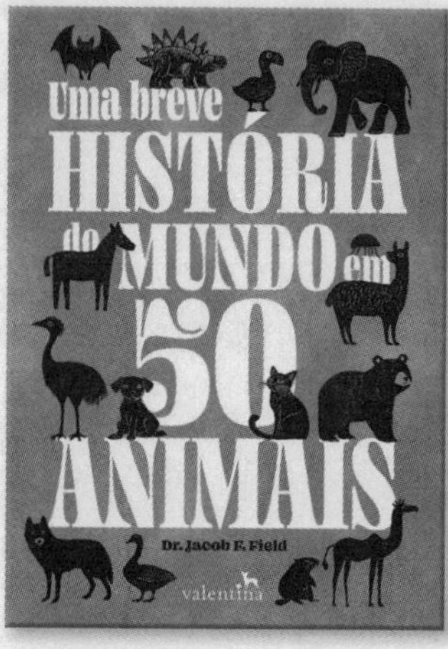

**UMA BREVE HISTÓRIA
DO MUNDO EM 50 ANIMAIS**

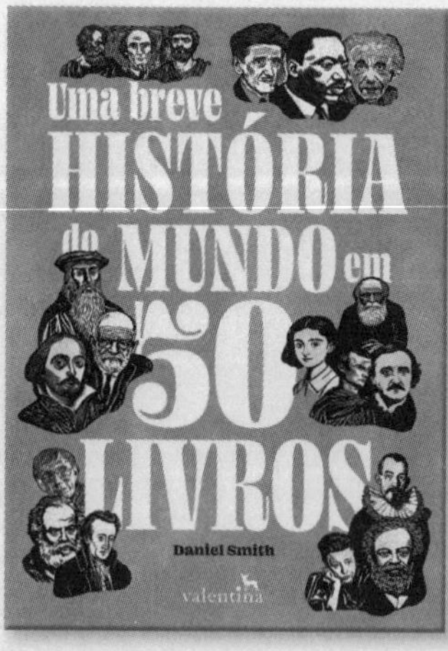

**UMA BREVE HISTÓRIA
DO MUNDO EM 50 LIVROS**